일본! 작게 보고 크게 보고

박경하 지음

일본! 작게 보고 크게 보고

초판 1쇄 발행 2019년 4월 15일

지 은 이   박경하
발 행 인   권선복
편   집   권보송
디 자 인   김민영
전 자 책   서보미
발 행 처   도서출판 행복에너지
출판등록   제315-2011-000035호
주   소   07679 서울특별시 강서구 화곡로 232
전   화   0505-613-6133
팩   스   0303-0799-1560
홈페이지   www.happybook.or.kr
이 메 일   ksbdata@daum.net

값 15,000원
ISBN 979-11-5602-709-6   (03910)

도서출판 행복에너지는 독자 여러분의 아이디어와 원고 투고를 기다
립니다. 책으로 만들기를 원하는 콘텐츠가 있으신 분은 이메일이나
홈페이지를 통해 간단한 기획서와 기획의도, 연락처 등을 보내주십시오.
행복에너지의 문은 언제나 활짝 열려 있습니다.

빡시게! 푸다닥거리며!

일본!
작게 보고
크게 보고

박경하 지음

도서
출판 행복에너지

목차

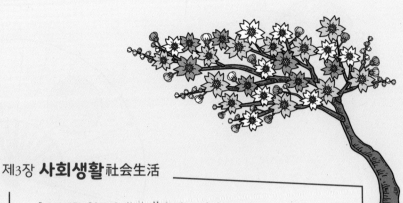

제3장 **사회생활** 社会生活

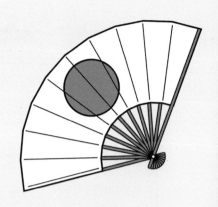

제4장 전략戰略

제5장 일본 삶과 나

JAPAN

日本

윤영노

(주) 자뎅 대표이사 회장, 와세다대학 한국교우회 회장

일본을 오랫동안 경험한 전문가가 드디어 책을 내게 되었네요.

저는 언젠가 와세다대학 한국교우회 모임에서 저자 박경하 후배를 처음 만났던 기억이 납니다. 제가 잘 알고 있는 (주)해태제과식품과 일본의 제과전문회사로 유명한 에자끼글리코(glico)사와의 조인트벤처 회사대표로 자신을 소개하던 조그만 덩치에 다부지고 관록 있어 보이던 모습이 인상 깊었습니다.

저자 박경하 후배는 한국에서 공과대학을 졸업하고 기아산업(현 기아자동차)에서 근무하며 일본출장을 다녀온 후 한국과 일본의 사회적, 경제적으로 크나큰 격차를 뼈저리게 느끼고 생각한 것이 있어, 당시의 좋은 직장을 그만두고 일본이라는 나라를 더 알기 위해 유학을 결정한 인물입니다. 그리고 뜻한 바를 이루기 위해 공학도의 길을 벗어나, 일본 와세다대학교 상과대학에서 마케팅을 전공하였습니다. 학부 때 전공과 다르다 보니 전공 필수과목의 학점을 받기 위해 학부과정과 대학원과정을 넘나들며 석사를 취득했다는 이야기에서 놀랐습니다. "음~ 후배의 다부지고 학구적인 모습이 그때 만들어진 계구나~"라는 생각이 들었습니다.

작년 2018년 여름에 그가 경영하는 일본 글리코(glico)사의 포키(Pocky: '빼빼로'의 원조로서 일본에서는 대단히 유명한 스틱과자) 제품의 광고이벤트가 서울 강남의 가로수길에 있어서 참관을 한 적이 있었습니다. 일본에서의 오랜 기간

마케팅 경험과 한국 사람으로서의 현지화가 잘 어우러져 이벤트를 진행하는 모습에서 역시 일본과 한국 양국을 잘 이해하고 의사 결정하는 사람이란 것을 알 수 있었습니다.

이번에 그가 책을 출판한다고 하니, 그것도 몇 년 내에 3권을 연속으로 집필을 하겠다고 하니 회사를 운영하는 사람으로서 언제 이렇게 글을 써 왔는지 의아해하며 이번 출판한 내용을 읽어보게 되었습니다. 20년이 훨씬 넘는 일본에서의 학창시절과 사회활동을, 그만의 특유한 유머와 관점으로 녹여낸 것이 돋보였습니다. 역사, 문화, 사회생활과 그의 전문분야인 마케팅 전략, 몸과 피부로 부딪친 생활에서 얻은 귀한 지혜와 사고방식까지, 폭넓고 간략하면서도 깊이가 있어 내심 놀랐습니다.

저도 일본에서 학창생활을 보내고 또한 관련된 업무도 하면서, 한일 양국이 더욱 신뢰하고 함께 발전하여 세상에 도움이 되는 나라가 되기를 진심으로 바라는 사람 중에 한 명입니다. 한국과 일본 양국은 역사의 이해관계 당사자로 서로 배척할 수도 있으며, 또한 각국의 3류 정치가들의 농단에 의해 돌을 던지고 국기를 태운 적도 있었습니다. 하지만 세상을 한 지구촌으로 보는 우리 세대는 이제 각국의 장단점을 보완하고 살려서 가깝고도 먼 나라라고 하는 양국관계가 아니라 서로를 잘 알고 이해하는 나라로 성숙시켜 이 세상을 이끌어가는 리더가 되어야 하겠습니다. 이런 의미에서 한국과 일본 양국의 많은 경험에서 우러나온 다각적인 사회의 여러 면을 저자의 시각을 통해 엑기스로 짜낸 이 책은 일본을 이해하는 데 많은 도움이 된다고 믿습니다.

풍부한 일본에서의 사회경험과 우리나라와의 비즈니스 실전경험들을 하나하나 그리고 차곡차곡 쌓아 숙성시켜서 글을 내놓는 저자의 앞으로 출간될 두 번째, 세 번째 시리즈가 많이 기대가 되기도 합니다.

김정주 (한국미술사 전공)
아모스 엔지니어링 대표

공자는 지식이란 어떤 사람은 태어날 때부터 알고 있고, 어떤 사람은 배우면서 알게 되기도 하고, 어떤 이는 경험을 통하여 알게 되었다고도 하지만 결국 모두 매한가지라고 하였다. 오늘의 저자와 그의 글에는 태어날 때부터 안 것이 아니라, 학습을 통해 배운 것도 아니라, 오랜 시간 동안 일본의 한가운데에서 일본인 그들과 함께 울고 웃으면서 터득한 경험의 지혜가 담뿍 담겨져 있다. 즉, 오랜 시간 동안 저자의 남모르는 노력의 결실이 여기 이 책에 펼쳐져 있다.

요즘 한일 양국의 관계가 어두워지고 있다. 양국의 관계가 이다지도 멀어가고만 있는 현실에 양쪽 나라의 민중들은 위정자들의 틈바구니에서 방황하고 있다. 지금도 현재진행 중이다.

그 옛날 정유왜란 때 남원성에서 좀 떨어진 만복사에 숨은 조선의 도공들은 일본 장수 시마즈 요시히로의 포로가 되어 조선을 떠나 가고시마 해안으로 잡혀갔다. 그 후 조선의 도공들은 조선의 우아한 도자기로 일본의 근대사 메이지 유신의 한 축이 되어 일본 속에 조선의 꽃을 피워내었다. 그래서 어느 작자가 "아스카 들판에 백제 꽃을 피웠다."라고 말한 것은, 일본 속에는 숙명적으로 한반도의 문화를 품고 있다는 것이 아니겠는가. 또한 교토 광륭사에는, 일본 국보 1호인 목조 반가사유상이 한반도의 향기를 조용히 품고 있다. 일본에 문명의 꽃을 피운 그들은 바다를 건너온 도래인이었다.

이렇게 누가 뭐라 해도 일본과 한반도는 오래 전부터 상호 관계를 가지며 문화를 피웠었지만, 근대의 뒤틀어진 양국의 관계는 이렇게 아프게 여물어가고 있으니…. 그러나 더 성숙되고 서로를 높은 곳에서 이해하며, 미래를 꿰뚫고 바라보는 눈과 냉철하면서도 따뜻하고 포근한 마음과 풍부한 경험을 바탕으로 양국이 상호 품을 수 있는 아름다운 관계로 나아가게 하는 귀한 책의 출판을 진심으로 축하하고 싶다.

나는 저자와 오래토록 묵은지 같은 친구이다. 누구보다도 저자를 잘 알고 있다 해도 과언이 아니다. 그는 집념이 강한 작은 거인이라고 힘주어 말하고 싶나. 고녹한 서술의 삭업은 낭연히 끈실긴 인내가 뷜요할 것인데, 직장활농과 저작활동은 물론 이공계와 상과계를 넘나들며 문무(?)를 겸비하여 두 마리의 토끼를 잡는 것도 매우 힘든 일일 것이다. 저자의 숨 가쁜 노고에 다시 한번 고개가 숙여진다.

JAPAN

日本

제1장

역사歷史

이제는 과거의 역사를 반복하면 안 되지요.

"현자는 역사로 알고, 우자는 경험으로 안다."라는데

더 이상 알고도 당하면 안 되겠지요.

강해지면 된답니다!

얼마 전 일본 텔레비전에서 유도柔道에 대하여 조사 연구한 Do-cumentary를 보았답니다. 새로운 것을 알았기에 글로 남겨봅니다. 일본에서는 유도를 JUDO쥬도: 柔道라고 발음하지요. 간간이 '유柔' 한 글자로 'YAWARA야와라'라고도 표현하는 사람이 있는데, 이 YAWARA가 유도의 전신前身이었던 모양입니다. 정식으로 유도JUDO라는 이름이 붙은 것은 약 100여 년 전으로, 이때부터 운동과 정신 수양을 위한 무술의 한 장르로 자리매김이 되었답니다.

이 유도의 전신인 YAWARA柔: やわら의 유래는 일본 무사들의 백병전에 있답니다. 일본의 전국시대戰國時代는 1467년 도요토미 히데요시豊臣秀吉가 통일을 이룰 때까지이지요. 이 전국시대에는 수많은 전쟁이 있었는데, 과거 일본의 병사들은 역사기록에서 보면 알 수 있듯 무거운 갑옷을 입었답니다. 때문에 접근전接近戰을 치르면 치렁치렁한 갑옷 때문에 발차기나 권법을 쓰기엔 너무 어려운 점이 있었지요. 그래서 개발된 무술이 YAWARA柔: 부드러울 유라는 부드러운 무술이지요. 즉, 힘 안 들이고 이기는 전술 연구의 산물입니다.

일본 무사, '사무라이侍'는 칼을 두 정을 찼답니다. 긴 칼은 직접 무사들 간의 겨루기에서 쓰는 검이고, 짧은 칼은 넘어뜨린 적의 목을 자르는 단검이지요. 할복자살도 이 짧은 칼로 하지만요…. 그래서 사무라이들은 접근전인 백병전에서 적을 넘어뜨리고 단검으로 완전히 제압살상하기 위하여, 갑옷을 입고서도 적을 던지고 넘어뜨릴 수 있는, '유도JUDO'의 전신인 'YAWARA'를 연구하여 가르치고 익혔다고 합니다.

우리나라에는 쓰라린 역사인 임진왜란1592과 정유재란1597에 수많은 조상들이 목숨을 잃었지요. 이때 왜군들은 미리 훈련한 백병전 전술인 YAWARA로 조선 군인들을 넘어뜨리고, 짓누르고, 무참히 목을 자르고, 그것도 부족해서 잔인하게도 증거를 남기기 위해 코와 귀를 잘라 가져갔답니다. 우리나라에는 이러한 쓰라린 역사가 참 많지요. 그래서 더러 '한恨의 민족'이라 일컫기도 합니다.

이제는 과거의 역사를 반복하면 안 되지요. "현자賢者는 역사로 알고, 우자愚者는 경험으로 안다."라는데 더 이상 알고도 당하면 안 되겠지요. 강해지면 된답니다! "강한 민족은 서로의 비판으로 쓸데없는 힘을 낭비하지 않는다."라는 역사의 가르침을 알면서도 아직도 우리 민족 중 많은 이들은 스스로 약해지기 위해서인지 쓸데없는 비판을 거침없이 쏟아내는 걸 매일 본답니다. 그 결과 분열되어 약점이 노출되고, 결국에 적에게 당하고 나면 어리석게도 남의 탓으로 돌리는 경우를 너무 많이 경험해 왔습니다. 그런데도 그들은 자기 탓이 아니라고 합

여러 정의 칼을 찬 사무라이

니다. 지금도요….

혹시 우리들은 우자愚者가 아닌가요?

강하려면 뭉쳐서 욕하는 것이 아니라, 뭉쳐서 서로 손뼉 쳐줘야 하는데….

뭉쳐서 서로 비판할 것 찾는 것이 아니라, 뭉쳐서 훈련을 해야 하는데….

뭉쳐서 서로 미워하지 말고, 뭉쳐서 서로 아끼고 사랑해야 하는 네….

어찌 이렇게도 남 욕하는 걸 좋아하는고~~~.

어찌 이렇게도 헐뜯는 걸 좋아하는고~~~.

어찌 이렇게도 옹호하고 칭찬할 줄 모르는고~~~.

어찌 이렇게도 감싸지 못하고 사랑하지 못하는고~~~.

더 이상 과거의 전철을 밟고 싶지 않은데….

그것도 우리 시절에….

일본의 도치기현栃木県 우쓰노미야宇都宮 근처에 닛꼬日光라는 유명한
관광지가 있다는 것 아시죠? 거의 대부분의 관광객들은 닛꼬에 가
면 토우쇼우구우東照宮에는 꼭 가보지요. 도쿠가와 이에야스德川家康
가 죽은 후에 그의 몸을 동경 중심으로 8군데 지역에 나누어 묻었지
요. 토우쇼우구우는 그 8군데의 위패가 있는 곳의 중 하나이지만,
그중에서 가장 유명하답니다.

특히 이 건물의 이곳저곳에는 자기의 자손들이 오래오래 권력을
유지하게 하기 위한 가르침을 담은 글이나 조각, 그림들이 있기에 더
욱 가치가 있는 곳으로 알려져 있습니다. 그 한 예로 눈 가리고見ざる,

닛꼬 신사의 지혜로운 원숭이 3마리

귀 가리고聞かざる, 입 가리는話なざる 지혜로운 원숭이 3마리를 조각한 그림은 아주 유명한 인생의 가르침을 담아 일약 닛꼬의 스타급 작품으로 등극했답니다.

자~, 그리고 스타급으로 유명한 조각 그림이 하나 더 있답니다. 잠자는 고양이네무루네코: 眠る猫라는 것이지요. 근데요~ 이 그림의 뒷면에 또 하나의 그림이 있다는 것 아세요? 많은 일본인조차도 모르는 사실이 존재한답니다. 뒷면의 그림은 날아다니는 참새飛び交うスズ

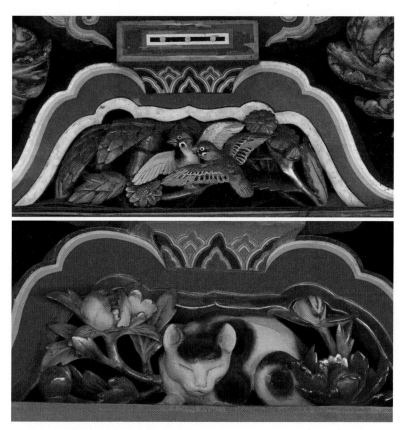

닛꼬 신사의 잠자는 고양이와 날아다니는 참새

ㄨ: 도비가우 스즈메라는 그림인데, 이 그림에는 숨어있는 스타급의 가르침이 있지요. 앞면의 그림과 함께 놓고 해석을 해야 하는데, 즉, 앞면의 자고 있는 고양이ㄴㅔㅋㅗ가 깨면, 참새ㅅㅡㅈㅁㅔ는 잡아먹히니, 고양이가 자고 있는 동안에는 평화롭다는 것을 의미한답니다. 이 조각 그림의 목적은 지금 이 시대처럼 평화로운 시절이 자손만대 이어지기를 기대하는 것이라네요.

정체를 알 수 없는, 어수선하고 얼굴 없는, 악플 다는 네티즌이 우글거리는 우리나라….

뉴스조차 보기를 거부하게 만드는 무질서한 사회SNS를 보고 있노라면….

다시 한번 역사를 곱씹어 보고 싶은 생각이 듭니다.

바짝 더운 동경의 오후, JA全農: 전농 - 한국의 농협에 해당하지요의 오키나와沖
繩의 동경 담당자가 천연 원재료 건으로 우리 회사를 방문했답니다.
그때 내가 느낀 하나의 관점Point of View이 있어서리….

　그들 오기나와 사람은 오끼나와에서 보낸 수노 농성이 있는 지
역일본에서 제일 큰 섬이지요인 '혼슈本州'라는 단어를 평상시에 구어용口語用
으로 쓰지 않고, '혼도혼도~'라고 발음되는 단어로 씁니다. 이전부터
오키나와를 방문할 적마다 '와? 혼슈를 안 쓰는고~ 쪼~께 이상하
다' 하고 느꼈습니다. 그런데 오늘 또 들으니… 호기심 발동!

　'혼도'라고 하기에 나는 계속 '혼도本土'라고만 알았었는데, 글
쎄… 한국사람 귀에는 'とう、と、どう、ど'가 모두 다 똑같은 '도'잖수?
일본에 20여 년 살고 있지만 아직도 장음長音과 단음短音이 완전히 구

오키나와 나하 지역에 있는 옛 류큐 왕국의 수리성 (사진 출처: okitour.co.kr)

별이 안 되고, 탁음濁音과 청음淸音의 구별이… 아~참! 진짜 신경 써서 머리귀 조아리고 안 들으면 모른다니께로~

허… 참~~ 근데요~ 오늘 그들의 발음을 자세히 들어보니, 단음의 혼도本土: ほんど가 아니고, 장음의 혼도~本島: ほんとう라는 것을 눈치챘답니다. 우헤헤~ 드뎌… 이십여 년 산 보람을 느꼈답니다. ㅎㅎㅎ 자꾸 들어보니 틀림없이 '혼도ほんとう'인지라….

왜? 본토本土을 안 쓰고 본도本島를 쓰는 것일까? 오키나와는 같은 일본의 현縣으로 취급당하고 싶지 않다는 건가? 아니면 그렇게 취급을 당해서 그 분노반발를 발음 투쟁으로 나타낸 건가? 혼또本当: 정말~

역사로 보면 오키나와는 엄연히 독립된 왕국이었답니다. 현 오키나와의 나하那覇 지역에 수리성首里城을 왕궁으로 하는 류큐 왕국琉球王国이 있었고, 중국과 가까워서 문화적 영향을 많이 받았지요. 그래서 지붕의 기와도 중국 자금성처럼 붉은색이랍니다. 우리나라와는 조선시대부터 굉장히 친한 나라였고, 해마다 사신을 서로 주고받으며 뿌리 깊은 교류와 우정을 나누던 나라로서 서로의 역사서에 남아 있지요. 우리나라의 어부가 난파를 당해서 표류선을 타고 류큐 왕국의 섬 어딘가에 도착하면, 우리 선조들을 구해서 조선국으로 되돌려 보내주는 우정을 베푼 것도 『조선왕조실록』에 기록되어 있답니다. (일본 책 沖縄「韓国レポート」참고)

두 나라 조선과 류큐의 역사가 바뀐 것은, 일본의 두 번에 걸친 조선 침략에 대한 대응 전략에서 비롯했다고 합니다. 조선은 끝까지 대항해서 싸웠고, 류큐 왕국은 굴복을 하였다네요. 이후로 일본

24

의 속국이 되고, 점점 쇠퇴해서 청일전쟁 이후 완전히 일본에 병합이 되었습니다. 또 2차 대전에서 일본이 패망한 후 미국 지배하에 있다가, 1972년에 다시 일본으로 반환되는 등 얽히고설킨 역사가 자리하고 있었습니다.

'음~ 그래서 그렇구나….'

마음이 뭉클하네요. 그 응어리진 마음 때문에 일본 본토를 혼슈本州도 아니고, 혼도本土두 아니고, 그냥 꺼기에 있는本, 그리고 크다고도 할 수 있는 혼도本島: 거기 있는 큰 섬로 부르는구나…. 사실인지는 모르지만, 나는 갑자기 그렇게 느껴지네요.

16세기1500년도 중반 이후, 일본 내부에는 그들 나름의 천하 통일을 위한 움직임내전이 계속 일어납니다.

첫 번째로 주도권을 잡은 건 강력한 맹주, 똑똑한 천재며 과학자적인 이론가이자, 비정하고 강한 리더십의 오다 노부나가織田信長… 아주 날카롭지요… 그렇게 느껴지네요.

두 번째는 오다의 가신무가의 집안일 보는 신하이며, 세심하고, 재빠른데다가, 배짱 있고, 전술가이며, 인간심리학적 책략가인 도요토미 히데요시豊臣秀吉, (경상도식 표현으로 "마! 칵!" 하고 싶은 인간)였습니다.

세 번째는 꿋꿋하고, 덕망 있고(우리 식 표현으로 '배포 차다' 까지요), 사회심리학을 많이 연구한 듯한 장기포석가長期布石家적 전략가인 도쿠가

일본의 세 지도자 오다 노부나가, 도요토미 히데요시, 도쿠가와 이에야스

와 이에야스德川家康였지요.

근세 일본 사람들은 이 세 장군의 성격을 놓고 비유하기를 좋아한답니다. 그 예 중 하나가 바로 지붕 위에 한 마리 새Bird를 두고 보여준 세 사람의 대응 방식입니다. 이야기인즉 새 한 마리가 지붕 위에 있는데, 울지를 않더랍니다. 세 사람의 성품으로 볼 때, '이 상황에서 각각 어떻게 했겠는가?'라는 질문이지요.

오다는 "새가 울지 않으니 새로서의 가치가 없다. 그러니 죽여라."라고 할 것이고, 도요토미는 "새가 울지 않으니 새가 울도록 뭔가를 해서 울게 하라."이고, 도쿠가와는 "새가 울지 않으니 새가 울 때까지 기다리자."라고 할 것이랍니다. 사람의 성품을 이렇게 간단히 세 가지 분류로 나누어 보는 것이 현시대 일본 사람들에게 하나의 관점이 되어 있답니다.

우쨌던! 오다 노부가나와 도요토미 히데요시가 통치했던 시기는 짧지만 화려한(?) 무사侍: 사무라이 시대로 알려져 있답니다. 급하고 모진 성격의 오다가 부하들의 반란으로 죽은 후, 연이어 잽싸게 천하 통일을 이룩한 도요토미는 혼란한 나라도 정비하고, 내부에서 생길 쿠데타도 미연에 방지할 겸 수군이 강한 규슈九州 지역의 지방 제후들을 앞장세워 조선을 침략하였지요.

임진왜란과 정유재란··· 이 두 전쟁은 우리나라에 상당한 아픔과 피해를 주었으나, 역으로 도요토미의 입장에서는 조선의 강력한 수군 대장인 이순신 장군에 의해 내심 걱정했던 일본군 내부의 반대파들을 모조리 제거(이순신 장군에게 패하여 죽임을 당했으니)할 수 있었으니··· 날쌘돌이 같은 도요토미의 입장에서는 일거양득을 한 셈이지요.

그러나 정작 본인은 일찍이 병들어 죽었답니다. 애지중지했던 아들과 아내는 도쿠가와 세력에게 죽고요…. 도요토미 사후 제거되지 않고 남은 세력과 도쿠가와 이에야스의 세력은 비록 열세였지만, 그 유명한 세키가하라關ヶ原 전투의 네가에리寝返り 전략배신을 유도하여 적군을 아군화함으로 승리했습니다. 그리고 이를 기점으로 권력을 완벽히 장악하지요. 그 결과 도쿠가와는 에도江戸: 現 도쿄에 막부를 설치하고 에도江戸 시대를 열게 되었답니다.

도쿠가와 시대는 쇄국정치로 바깥과 차단된 채 평화롭게 200년을 보냈다고 합니다. 여기서부터의 200년과 그 이전 전국시대의 200년, 즉, 도합 400년간 무사 중심 막부정치의 결과로 생긴 문화가 현재의 일본 사람과 일본 사회를 이해하는 데 많은 도움이 된답니다. 그중의 하나가 양귀비 증후군Poppy syndrome이지요.

도쿠가와는 천하를 통일한 이후, 이전에 오다와 도요토미 등 장군들의 휘하 세력이었던 잔당들의 쿠데타에 의해 자기가 언제 '쥐도 새도 모르게 꼴까닥' 죽을지 몰라 고심에 빠졌답니다. 그래서 그 쿠데타의 씨앗이 될 근원을 파악하고 '쥐도 새도 모르게 꼴까닥' 전략을 사전에 잘라 없애는 잔인하고 철저한 방법을 채택했지요.

이 방법은 도쿠가와의 눈과 귀가 될 스파이 역할을 하는 닌자忍者를 각 지역으로 보내 감찰을 시키고, 문제가 될 소지가 있는 자들을 사전에 없애는 방법입니다. 양귀비꽃처럼 같은 높이의 꽃이 뭉쳐서 예쁨을 뽐내는 것이거늘… 만일에 한 송이가 삐쭉~이 올라오면 보기에 거슬리니(쿠데타를 일으키는 우환이 된다는 것이지요) 싹둑 잘라

버린다는 것입니다.

　이처럼 막부무사 시대의 평화스럽지만 억압된 생활이 400여 년간 지속되어서 그런지, 현재의 일본인들은 양귀비꽃 한 송이가 삐쭉 올라와 꺾여버리지 않도록 잘난 척 안 하는 습관, 어쨌든 겸손한 모습(?)을 잘 갖춘답니다. 외유내강이 되지요. 그러나, 그들에게 대응하려면 '그들 각각의 내면까지 잘 살펴봐야 한다.'고 저는 느끼고 있습니다.

2차 세계대전 때에 미군 주력 전투기가 '머스탱'이지요. 이에 대항한 일본군의 주력 전투기가 0戰제로센이랍니다. 이 제로센 전투기는 지금도 대단한 기술력을 자랑하는 미쓰비시三菱 중공업의 작품이지요.

전쟁의 초기에는 압도적으로 제로센 쪽 전투력이 강했답니다. 그래서 그 당시 미군의 공군전략본부에서는 제로센이 오면 절대 한 대의 비행기로는 맞대응하지 말라는 지침을 하달했다고 합니다. 그런데 전쟁 말기 즈음에는 이 상황이 완전히 역전되었습니다. 일대일로 맞붙으면 일방적으로 '머스탱'이 이기는 겁니다. 왜 그랬을까요?

제 나름대로 분석하면 아마도 일본은 개선改善 · 개량改良을 했고, 미국은 개혁改革 · 혁신革新을 했기 때문에, 공중전의 판세 자체가 바뀐 탓으로 여겨집니다. 미국의 전투기가 항공전에서 판판이 깨지던

미국의 머스탱 전투기(오른쪽)와 일본의 제로센 전투기(왼쪽)

전쟁 초기 무렵, 미 공군의 기술부대는 추락한 제로센의 잔해를 수습해서 철저히 분해해 하나하나 분석했습니다. 이를 통해 자국의 '머스탱'을 단순히 개량한 것이 아니라, 거의 전투력을 두 배에 가깝게 완전히 바꾸어 버렸답니다. 그야말로 혁신이라는 한자 단어의 뜻처럼, 가죽革을 벗기고 환골탈태換骨奪胎: 뼈대를 바꾸어 끼고, 태를 바꾸어 쓴의 변혁을 한 것이지요.

반면에 일본군은 계속 개선과 개량을 했답니다. 소금씩 나아졌다고는 하지만, 개선된 내용을 뜯어보면 속도를 올리기 위해서 조종사의 안전 측면은 등한시한 채 그저 가볍게 하기 위해서 재질을 바꾸고, 어뢰를 부착하거나 폭탄을 많이 싣거나 혹은 용도를 넓히기 위한 대증 요법에 가까운 개선·개량뿐이었지요.

현재 일본의 약점도 여기에 있답니다. '가이젠개선의 일본 발음'이 일반 사전에 등록될 정도로 Operation에 뛰어난 일본은 '개선', '개량'엔 엄청난 능력을 발휘하고 기술을 축적하였지만, Trade-off적인 개혁, 혁신은 미숙하다고 볼 수도 있다는 겁니다. 즉, 그들은 확! 바꾸지는 못합니다. 또 있습니다. 톡톡 튀어나는 발언과 아이디어보다는 콘센서스Consensus: 네마와시-根回し에 시간이 걸려서 의사결정에 시간이 걸린다는 겁니다. 개혁까지는 많은 조사와 서류로 시간이 무척 걸리지요. 막부정치 400년간의 약점일 수도 있겠고요.

21세기 요즘, 우리 한국이 IT 강국으로, 품질 강국으로 잘나가고 있답니다. 이때 우쭐거리면 안 됩니다. 벌써부터 또다시 버블 경제 시대의 'Ugly Korean'의 모습들이 슬금슬금 나타나려 합니다. 우리 중의 뛰어난 리더들이 각 회사나 조직에서 혁신과 개혁을 해왔

는데, 이제 그 혜택을 바라볼 수 있게 되었는데… 이쪽저쪽에서 조
그만 개선과 개량을 하면서 모든 것을 자신이 한 것인 양 우쭐거리
며 설치는 사람들이 많이 나타나 기득권을 행사하면 곤란합니다.
일본이 그나마 선진국을 계속 유지하는 것은, 그런 우쭐거림이 비
교적 적고, 또 비교적 겸손한 민족이라는 점이 많은 영향을 미쳤습
니다. 우리도 역사를 돌아보며 깨우치고 자신을 잘 바라보아야 한
답니다.

일본말에 '一所懸命잇쇼겜메이'라는 단어는 우리말로 '열심히'라는 사전적 의미가 있습니다. 그런데 일본에는 또한 '넷신니熱心に'라는 우리나라 말의 '열심히'에 대응하는 단어가 따로 있습니다. 비슷해 보이는 단어인데도 일본 사람은 이 두 단어를 떼에 따라 잘 구분해서 쓰고 있답니다. (웬 걸까요? 흐음~) '一所懸命잇쇼겜메이'라는 단어 속에는 우리나라 사람들의 쓰라린 역사적 아픔도 관련되어 있답니다.

일제 시대인 1923년, 동경을 중심으로 하는 관동지역에 엄청나게 큰 지진이 일어났지요. '관동대지진'이라 부릅니다만, 이때의 혼란한 사회 환경을 틈타 사회주의자들이 민중봉기를 일으키고, 이를 수습하기 위해 일본 정부가 조선인 폭동설을 조작 유포시켜서 각지에서 일본인들이 죽창과 몽둥이로 수많은 우리 선조와 일본인 사회주의자를 학살하는 사건이 있었지요. 이때에 국적 구별이 안 되는 많은 사람을 조선인과 일본인으로 구분하기 위하여 특정한 일본어의 발음을 시켜보고 틀리면 조선인이라 간주하여 죽였답니다. 그때 발음시킨 단어가 바로 '一所懸命잇쇼겜메이'라고 합니다. 사실 20여 년을 일본에서 살고 있는 나조차도 이 발음을 완벽히 한다고 할 수 없을 정도로 까다롭답니다. (아~ 참~ 역사란…) 그리고 일본은 그 죗값을 즉시 치르게 되니, 그것이 1945년에 미군에 의한 '동경 대폭격'이 아닐까 싶네요.

글이 본론에서 비껴 나갔네요(그 슬픈 역사 때문에…). 그럼 다시 본론으로 들어가서, '一所懸命잇쇼겜메이'라는 단어를 한자풀이하면, "한군데에 목숨을 건다."라는 겁니다. '목숨을 건다.'라고 하니 단순한 '열심'과는 엄연히 와닿는 게 다르지요. 이 또한 무사들이 칼 들고 막부 정치할 때 유래한 것이라고 하네요.

'열심히'라는 단어의 경우 그 결과에 대한 책임이 당사자에게 있고, 잘못되는 경우도 그 당사자에게 불이익이 가는 것이라 할 수 있겠지요. 그러나 '一所懸命'는 지시한 사람이 있고, 결과가 잘못된 경우 '지시받은 이에게 책임을 묻겠다!' 즉, '목숨을 걸었으니 목숨을 책임으로 받겠다.'라는 의미가 내포되어 있답니다. 그리고 옛날의 무사가 책임을 진다면 '셋뿌쿠切腹: 할복자살'를 해야 하지요.(에고~ 무시라~~)

일본 사람들과 사내에서 함께 일할 경우, 한 단어 한 단어의 의미를 알고 주고받아야 오해를 면할 수 있겠지요. 상사가 "一所懸命해라."라고 하면서 지시를 하면 '에고~ 이것 잘못하면 막대한 책임 추궁이 있겠구나.' 하는 의미로 받아들여야 합니다. 단지 "공부 넷신니熱心に 해라"와 같은 의미로 알아듣고 슬슬 하면 큰 오산입니다. 이렇게 무사들이 썼던 단어들이 나를 오늘도 긴장케 하네요….

고객사 상무가 우리 회사를 방문해서 회의 중에 몇 번이고 강조했답니다. "박 사장~ 양 사의 발전을 위하여 우리 둘이 一所懸命잇쇼겜메이 힘냅시다!!!!" 하고 돌아갔습니다.

아~ 아직도 가슴이 서늘~합니데~이…ㅜㅜ

천재성! 그것이 뭔지 확실히 꼬집어 설명하기에는

나의 지금의 문장력으로는 많은 시간과 종이가 필요합니다.

밤늦은 시간에 텔레비전을 켰지요. 일본에서 그다지 큰 인기는 없지만 국기國技로서 자리 잡고 있는 장기소우기: 將棋의 특집 방송이었습니다. 20여 년 전 일본열도를 뒤흔드는 장기 영웅이 나타났지요. 이름하여 '장기의 천재'라고 부르는 하부羽生善治: 하부 요시하루, 1970년생라는 사람입니다.

이전에도 그의 천재성에 대하여 특별방송을 본 적이 있는데, 이제 그의 나이는 40대 후반이 되었지요. 이전의 유명세를 타서 예쁜 여배우와 결혼도 하고, 장기에 대해서는 그를 이길 사람이 일본에 없어서 체스를 배우러 유럽여행도 했다고 하지요. 그리고 그 체스 경기에서도 혁혁한 실적을 남겼답니다. 어쨌든 대단한 두뇌의 소유자로 보입니다. 일본엔 이러한 천재성이 있는 사람이 몇몇 있지요. 가령 프로 야구에서는 천재성이라고 하면 '이치로' 같은 사람을 들 수 있겠지요.

아무튼 하부는 통산 타이틀 획득 수 역대 2위로 총 7개의 타이틀 중에 6개를 보유하고 있는 사상 최초의 기사이

일본의 천재 장기 기사 하부 요시하루

며, 하부와 거의 같은 연령에 톱클래스의 실력자들이 집중되어 있어 일본 장기계에서는 이들을 '하부 세대'라고 부르고 있습니다.

천재성! 그것이 뭔지 확실히 꼬집어 설명하기에는 나의 지금의 문장력으로는 많은 시간과 종이가 필요합니다. 그러니 단편적이면서 중요한 부분만 알 수 있도록 정리해 봅니당~.

어느 세계나 마찬가지로 하부에게도 라이벌이 있지요. 같은 젊은 기사棋士인 모리우찌森內, 1970년 10월 10일생는 천재성은 부족하지만 노력가로서 하부에게 도전을 계속합니다. 모리우찌는 대범하답니다. 그의 전략은 변화무쌍하며, 장기판 위에서 난국難局이 되면 될수록 대담大擔하게 전개해 나가는 멋진 젊은이지요. 그는 이렇게 얘기합니다.

"저는 중요하고 큰 승부에 임할 때는 되도록 무심無心을 가지려 합니다."

(음~ 나를 고심에 빠지게 합니다. ㅎㅎ)

저보다 젊은 하부도 이런 얘기를 하더라고요.

"나이가 들수록 그때의 마음가짐에 따라 장기의 국면局面이 바뀌는 것을 알았습니다."

(참~ 젊은 사람들이~

하부의 라이벌, 모리우찌 토시유키

도 튼 것 같아… 헐~헐~)

모리우찌의 강수强手를 받고 하부 역시 그의 젊은 기개로 똑같이 맞대응하다가 지는 때도 제법 있었지요. 그러면서 하부는 한마디를 합니다.

"평상심헤이죠우싱: 平常心이 중요하네요."

'음~ 어디서 많이 들어왔던 단어인데… 천재성을 가진 자들이 종종 얘기하던 것 같았는데… 이치로가 그랬고, 2류의 프로야구 선수를 1류의 야구천재들로 길러낸 노무라野村 감독도 그랬고….'

어느 날은 하부에게 아나운서가 물었습니다.

"프로란 무엇인가요?"

그의 도 튼 대답이 계속 흘러나옵니다. 만만찮습니다.(쑈크 묵습니데이~)

"24시간 365일 프로로 있는 것이 프로페셔널이 아닌가… 싶네요."

걸작과 같은 대답입니다. 이 천재에게서 아주 천재다운 발언이 있어서 또 한 줄 적습니다. 똑똑한(고맙게도 질문을 계속해 줘서) 아나운서가 참 질문도 잘합니다.

"어떻게 하면 그렇게 계속해서 많이 이길 수 있나요?"

하부의 대답에 또 넘어집니다.

"레이로우!영롱: 玲瓏, 옥소리 옥, 옥소리 롱"

내가 너무 좋아하는 일본 단어가 있습니다. '히라메끼閃'빛날 섬이지요. 우리나라 말로는 섬광처럼 번뜩이는 일종의 '지혜'와 같은 것입니다. 준비되어 있는 자에게만 주어진다는 세렌디피티Serendipity

같은 것….

　"무심無心보다는 평상심平常心이 나으며, 그 평상심平常心 속에서 영롱瑛瓏을 찾아내면 승기勝氣나 운명을 잡을 수 있다."

　젊은 천재의 재기才氣를 넘어선 품성과 지혜에 새삼 가르침을 얻게 됩니다.

일본 최고의 라면 점포라면… 아마도 본점이 요코하마에 있는 잇뿌도일풍당: 一風堂일 겁니다. 그러나 이 라면집은 일본이 자랑하는 몇 대를 거슬러 내려오는 전통의 라면집은 아니랍니다. 오잉?

사장이 한국과 가까운 규슈九州의 후쿠오카에서 후쿠오카식 돈코쓰 라멘豚骨 라면: 그래서 국물의 색깔이 설렁탕같이 뼈를 삶은 흰색계통이지요으로 독립하여, 요코하마에 본점을 내고 프랜차이즈 식으로 운영하고 있지요. 먼저 실적부터 보면… 그렇게 거창하지 않습니다. ㅎㅎ 178개 점포2018년 현재 국내 92점포, 해외 86점포가 깔려있지요. 동 업종의 매출 규모로 보

요코하마를 본점으로 하는 잇뿌도 라면집

면 5위권 안에 들어있는 중견회사이지요. 그리고 연간 약 224여억 엔약 2500억 원 2018년 기준 매출이랍니다. 중요한 건 회사의 총매출이 아니라 점포당 매출과 이익이지요. 단연 1위이며, 동 업종에선 2위와의 격차가 너무 큰… 점포당 매출과 이익을 내고 있답니다. 왜 그런가 하고 보니, 역시 몇 가지 이유가 비밀스럽게 숨어 있었답니다.

정답은?

맛, 종업원 구성 비율, 총체적인 무대 연출, 비전VISION~

첫 번째, 우선 맛이 특별나답니다.

일본의 라면 대부분은 미소된장 라면과 소유간장 라면인데… 그는 좀 특별하다고 할 수 있는 돈코쓰돼지뼈 라면이지요. 이건 그가 후쿠오카 출신이라 철저한 고향의 맛을 알고 있음이지요. 그 맛을 내기 위해서 그는 특이한 제조법을 씁니다. 돼지의 머리뼈와 등뼈를 나누어 별도로 끓입니다. 서로 끓이는 시간이 다르다는 것입니다. 그리고 그 두 가지를 섞어서 다시だし국물를 완성시킵니다. 진국이죠~ ㅎㅎ

두 번째, 종업원의 구성 비율입니다.

여자 종업원이 전체의 4할을 차지합니다. 본래 라면집은 거칠기 (?) 때문에 대부분은 남자 종업원이 주류였지라~ 그러나 여자의 섬세함과 여자 손님들에 대한 배려와 씀씀이, 그리고 남자 손님에 대한 관심 등이 조화를 이루어 남녀노소 가족들이 쉽게 들어갈 수 있게 바꾸었답니다. (자알~ 한다~ㅎㅎ)

세 번째, 사장이 직접 일일이 종업원의 손을 만져가며 가르칩니다.

점포는 총체 예술이라는 겁니다. 목이 메도록 그사장가 외칩니다.

여기 '잇뿌도'는 라면만 먹으러 오는 곳이 아니랍니다. 그래서 탁자 위의 청결, 실내의 냄새, 소음과 음악, 불빛조명, 종업원의 복장, 목소리와 표정, 그리고, 보이는 주방 모습… 모든 것을 관리합니다.

네 번째, 그들의 VISION이 함께한다는 겁니다.

저요~ 여기서 TV를 그만 봤답니다.(사실은 옆눈으로 봤지만…ㅋㅋ) 이 부분은 공유하기가 애매할 것 같고, 나의 VISION에 도리어 영향을 미칠까 싶어서요…. 아마도 종업원이 그렇게 열심히 계속할 수 있는 포상이 있겠지요.

ㅎㅎ 사장이란 사람은, 본래 예술을 하려 했답니다. 연극 같은 것이지요. 그런데 3~4군데 대학에 시험을 쳤는데, 다 낙방했답니다. 그래서 예술 계통의 전문학교를 가서 연극을 했었는데, 빛도 못 보고 고향을 돌아가게 되었다네요. 고향에서 조그만 레스토랑을 했었는데… 어느 여자 손님이 하는 얘기를 듣고 눈이 확…! 그리고… 라면집을 차리게 되었답니다. 그 여자 손님 왈….

"라면을 먹고 싶어서 라면집에 가려 해도… 혼자선 못 들어가요. 더럽고, 냄새가 지독하고, 불친절하고, 시끄럽고…."

그 사장에게는 이 말 한마디가 '히라메끼閃: 빛날 섬'가 되어 뇌리를 획! 스쳐가지 않았을까요? 세상은, 그리고 인생은 그렇게 해서 변하는 것 아닌가요?ㅎㅎ

초식남 草食男: 소우쇼쿠오도꼬

일본의 여성 칼럼니스트 후카사와 마키가 명명한 용어로서 기존의 '남성다움육식성'을 강하게 어필하지 않고 주로 자신의 취미활동에 적극적이나 이성과의 연애에는 소극적인 남성으로, 동성애자와는 차별된 남성을 일컫습니다. 우리나라 말로 '샌님'과 비슷? ㅎㅎ

일본에선 국가 경제가 남성성에 영향을 미친다는 분석이 나와서 관심을 끈 적이 있습니다. 실제로 일본의 경우 경기 호황기에 태어난 남성들은 성격적인 면에서 공격적이고 적극적인 성향육식성인 반면에, 경기 침체기인 1990년대에 태어난 사람 중에는 성격적으로 초식남이 많다는 것입니다. '고개 숙인 아버지들의 모습'이 연약한 자아 형성에 큰 영향을 미쳤다는 분석입니다. 그러나, 지금은 아베 수상이 정권을 잡고 일본 경제가 살아나고 있으니 2015년 이후로 태어난 일본 남성은 다시 진취적으로, 공격적으로 변해가겠지요.

건어물녀 干物女: 히모노온나

여성인데 직장에선 일도 잘하고 똑똑한 여자지만, 퇴근하면 후줄근하고 머리도 안 감고, 맥주에 오징어를 즐기는 싱글 여성들을 뜻하는 말입니다. 주말에도 피곤해서 잠만 자느라 세포가 말라비틀어져 건어물처럼 됐다고 해서 건어물녀라고 불립니다. 2007년 인기리에 방영된 일본 드라마 〈호타루의 빛〉은 건어물

'건어물녀'에 대해 다룬 일본의 드라마 <호타루의 빛>

녀가 무엇인지에 대해서 리얼하게 잘 표현한 드라마지요. 건어
물녀의 결혼 도전기를 다룬 〈호타루의 빛 2〉가 2010년 7월 7일
부터 일본에서 방영되어 다시 한 번 건어물녀에 대한 재조명이
이루어질 것으로 보입니다.(사실 과거 이 글을 초벌 수정하는 2013년
도 어떤 날이 2편의 첫 방영일이었답니다. ㅎㅎ It's coincident!)

레키조歷女

'레키조'는 '역사를 좋아하는 여자'를 축약한 표현입니다. 지금
까지 역사특히 일본사를 좋아하는 사람 하면 남성, 그것도 중장년
층이 많았지만, 지금부터 10여 년 전 2008~2009년부터 그 당시
20~30대 초반의 젊은 여성들 사이에서 역사 붐이 일었습니다.
특히 15세기 중반부터 16세기 중반에도 시대가 시작되기 조금 전의 '전국
시대戰國時代'가 인기랍니다.

주된 계기는 2005년에 출시된 비디오 게임 '전국戰國 바사라'입

니다. 전국 시대의 유명한 무장들이 각기 개성 넘치는 꽃미남 캐릭터가 되어 전쟁을 펼친다는 액션 게임입니다. 2009년 4월에는 TV 애니메이션으로 방영되어 한동안 꾸준히 인기가 이어졌답니다. 레키조들은 자신이 좋아하는 무장과 관련된 상품티셔츠, 핸드폰 줄, 지갑이나 파우치, 수건 등을 사서 입거나 가지고 다니고, 관련 지역이나 성城을 찾아다니며 즐기고 있습니다. 전국 시대의 무장에 푹 빠지는 이유로는, '강하고 남자답다. 의리와 인정을 소중히 한다.' 등으로 초식성이 강한 요즘의 젊은 남자들에게 없는 것을 원하고 있기 때문이라는 설도 있습니다.(크~ 자고로 군대를 가야혀~~~ ㅋㅋㅋ)

작년 일본 동북쪽의 미야기현宮城県에서는 지방선거에서 젊은 층의 투표율을 상승시키기 위해 전국시대 다이묘로 친숙한 역사적인 인물 '다테 마사무네伊達政宗'의 전국 바사라 게임 캐릭터를 선거 이미지 모델로 채용하기도 했습니다.

모리걸森ガール : 직역하면 '숲 여자' ㅎㅎ

'모리걸'이라는 말은 일본의 소셜 네트워크 사이트인 mixi믹시의 모리걸 커뮤니티 관리인이 친구에게 "숲에 있을 것 같은 모습이구나."라고 한 데서 유래했다고 합니다. 그 후로 '모리걸'이란 '숲에 있을 것 같은 여자아이'를 테마로 하는, 느슨한 분위기가 있는 물건을 좋아하는 소녀 취향, 또는 그러한 패션 스타일을 의미하게 됐습니다. '모리걸 커뮤니티'는 2006년에 개설되었지만 2008년부터 일본에서 화제가 되어서 잡지나 미디어에 보도되었고, 그 후 모리걸 패션을 주제로 한 잡지가 창간되었습니다.

모리걸의 대표적인 캐릭터가 일본의 유명 만화『허니와 클로버』의 하구미, 그리고 하구미 역을 맡았던 일본의 인기 여배우 아오이 유우입니다. 일본에서 창간된 모리걸 잡지의 창간 표지가 아오이 유우였습니다. 현대사회에서 경쟁이 심화되면서 안정을 찾고 싶은 현대인들의 마음이 패션에 나타난 게 아닌가 하는 의견도 있습니다.

이 외에도, 양가 부모가 건재하여 가끔씩 양가로부터 용돈도 얻고, 남편도 수입이 있고, 본인도 알바를 해서 용돈이 풍부해서 잘 꾸미고 맵시 있는 아가씨 같은 20대 말~30대 중반까지의 젊은 엄마를 일컫는 갸루마마ギャルママ: Girl Mama, 그리고, 가정에서도 사회에서도 입김이 커진 30대 말~40대 초의 세련된 아줌마를 일컫는 비마죠美魔女. 그녀들이 유행을 선도하는 Big Mouse 역할을 합니다. 마케팅하는 사람이면 이상의 일본 여성, 그녀들의 동향과 마음을 잘 이해해야 하지요.

이틀 전부터 구시렁구시렁 중얼거리면서 채집(?)한 '응아便'를 잘 챙겨서, 오늘 곧장 출근한 곳이 바로 병원입니다. 올해도 큰 이상이 없기를 바라면서 '닌겐독크 검사정기 건강 검사'를 하나씩 받기 시작했습니다. 작년과는 순서가 약간 바뀌었지만, 약 2시간 정도의 코스를 일본인 특유의 친절함으로 잘도 안내하며 진행해 갑니다. 어제 저녁부터 참았음에도 아침 채변할 때 결국에 누어버려서 소변량이 너무 적었지만 간호사 아가씨가 나의 불쌍한귀여운? 모습을 보고 봐주네요. 소변검사 OK입니다.

다음은 청각 검사와 안구검사랍니다. 청각은 단번에 OK. 그야~ 평소 남의 말을 귀중히 여기는 저로서는 익히 단련된 귀 근육이지요~ㅎㅎ

안구검사는 양쪽 눈에 엄청 큰 플래시를 터트려서 사진을 찍습니다. 오른쪽 눈은 성공해서 잘 찍었는데… 왼쪽 눈은 초짜 간호사인지, 아르바이트생인지 두 번이나 찍게 만드네요. 5분이나 눈이 멍했습니다. 녹내장의 가능성이 있으니까 검사받아 보라고 하기에 정밀검사까지 받았지만 '이상 무!'라고 합니다. 여하튼 다행이네요. 휴~

다음은 심전도 검사입니다. 웃옷을 벗고 누우랍니다. 아주머니 간호사가 너무 사무적입니다. 아무리 봐도 아르바이트인 것 같은 느낌이 드네요.(영~ 재미없다… ㅋㅋ) 그 다음은 폐활량 체크입니다.

깔때기를 끼운 후 코는 빨래집게로 막고, 숨을 들이쉬고 내쉬라고 합니다. 머리가 찡~하도록 두 번이나 했습니다.

이번에는 간 검사입니다. 무관심한 표정으로 잘 미끄러지게 크림을 바르네요.(씨~) 작년에 지방간이 발견되어(역시 술 때문이라고 하네요) 간이 이상하게 커지는 현상의 초기 모습이라고 해서 얼른 병원 가서 치료받고 약도 3개월간 먹어서 그 차도를 보고 싶었는데…. 이 아줌마 아니나 다를까, 오른쪽 간 있는 부분을 집중적으로 눌러봅니다. 어찌 보면 실력이 있는 것 같기도 하네요. 잘도 찾네…. 이럴 땐 베테랑 아주머니 간호사가 믿음직스럽습니다.

또다시 건물 내를 올라갔다 내려갔다 했습니다. 이제는 시력테스트, 체격키, 몸무게, 혈압측정, 혈액 채취를 합니다. 한순간에 후다닥 기계적으로 움직입니다. 역시 매뉴얼의 나라 일본이라는 생각이 듭니다.

이제 의사와의 면담입니다. 작년에는 어떤 할아버지 의사였는데, 실력이 있어서 오른쪽 갈비뼈 밑을 눌러 보면서 지방간을 찾아낸 장본인이었답니다. 오늘은 어떤 의사일까? 덩치가 있는 아줌마 의사네요. 왠지 실력이 좋아 보입니다. 의사 왈.

"별로 큰 문제가 없는 것 같네요. 콜레스테롤은 병원 다니신다고 하시고, 지방간도 약을 드신다 하니, 지금 담당하는 의사하고 잘 의논하면 될 것 같네요. 건강하십니다. ㅎㅎ"

"나 어깨가 많이 결리고, 구부려 앉으면 요즘 손가락이 저리는디요?"

"아~ 그러면 지금 다니는 의사한테 물어보면 아마도 잘 아는 정형외과 병원을 소개해 줄 겁니다."

그리고 마지막으로 위 검사를 하러 갑니다.(일본에서는 내시경보다는 조영제造影劑를 입으로 마시고 기계 위에서 자세를 바꾸어 촬영하며 위를 검사하는 방식을 많이 취합니다) 가장 재미없는 곳… '쑥시러운' 자세를 많이 취하는 곳…. 오늘도 변함없습니다. 배불뚝이 만드는 탄산 분말을 물에 타서 마시고, 이윽고 바륨을 크게 한 모금, 또 크게 한 모금, 나머지 다 마시라고 합니다. 옛날보다는 양이 많이 줄었네요. (양 줄인다고 누군가 열심히 연구한 모양이네요. ㅎㅎㅎ) 이리로 뒤집고, 저리로 뒤집고, 까뒤집고 한바탕 난리가 났습니다. 아고~ 속은 울렁거리고, 트림을 나올라 카는데 참으라 카이 참고…. 그래서 제일 재미없습니다.

드디어 다 끝났습니다. 옷 갈아입으러 갑니다. 위 검사하려고 마셨던 바륨을 끄집어내기 위해서 설사약을 주면서 물 많이 마시랍니다. 안 그래도 벌써 속이 이상한데… 헤헤헤~ 이렇게 올해의 닝겐독크는 끝났심데이~

회사에 오니 나를 보는 직원들의 얼굴이 이상한 것 같네요. 아마도 이 사람 언제 변소 가는가 챙길 것 같습니다. 'ㅋㄷㅋㄷ 설사할 낀데…'(조형제를 강제적으로 배설해 내기 위해서 약을 주기 때문이지요) 카믄서….

우린 모두가 몸이 아프고 병이 나고 수술도 하고…. 오랫동안 건강하고 싶은 것이 모두의 소망인데, 왜 우리를 만들 때 병이 나게 만들었을까 생각해 봅니다. 성경에 사도 바울이 이런 말씀을 했다죠?

"나의 자고自高: 스스로 높아짐를 막기 위해서 하나님께서 나의 몸에 가시를 두셨다."

그 '가시'를 많은 성경 연구자들이 여러 가지로 해석하지만, 일반적으로는 '난치병'으로 알지요. 병을 낫게 하는 기적을 수없이 보여주는 사도 바울조차도 자기의 '가시'는 고치지 않으며 고쳐지지도 않습니다. 저도 자고自高에 빠져서 '가시'가 생기지 않았으면 하지요.

또 「신명기」 30장 15절인가에는 "오늘날 너희 앞에 생명과 복, 재앙과 죽음을 두었나"라고 합니다. 복이 있으면 생명이 있을 것이요, 즉 건강이 함께할 것이요. 아니면 저처럼 등짝 땡기고, 오십견에, 지방간에, 콜레스테롤에… 엉망이 된다는 것이지요. 모두가 제 스스로가 만든 재앙이지요. 이 불규칙하고 비非거룩한 생활 오래 지속하면 말씀대로 사망인데….

이제 복 받을 곳으로 돌아서렵니다.

용기 있게, 과감하게, 믿음을 가지고,

Go! Go! Go!

어느 누구나 일부러 오해를 만들고 싶어서 행동하지는 않았을 겁니다. 오해란 당사자가 잘못 생각한 것이지요. 말한 사람의 본의와 다르게, 그래서 뭔가 오해가 생긴 것 같으면 세 번을 생각하라고 하지요. 그러면 말한 이의 본의가 이해된다나. ㅎㅎ

이를 가리켜서, "5오해 −3세 번 생각하면 =2이해가 된데요" 그리고 너무 지나치면 안 될까 싶어서 하나 더~요. 이해를 너무 지나쳐서 정도를 넘어서면 사랑에 빠진다나…. ㅎㅎ

"2이해 +2또, 이해 =4사랑에 폭! 빠진대요"

환경이 하~ 수상하면 본인을 보호하려고 자신의 사고가 강해지고, 상대를 배려하는 마음이 온데간데없어지면 오해를 하게 마련입니다. 성나고, 화내고, 괜히 속에서 욱! 하면… 대~충 그런 때에 오해가 생겨나지요.

한국의 부부싸움은 '칼로 물 베기'라고 하지요. 그렇게 다투다가도 부부가 한 이불 속에 들어가면, 또 부부애가 '세 번의 생각'을 뛰어넘게 하고, 그냥 이해의 단계로 훌쩍 돌입하게 되지요.(ㅋㅋ 아싸! 가오리~카믄서…)

근데요~, 배려심이 많은 일본 사람, 잘 참는 일본 사람의 부부 관계는 어떨까요? 그들 일본 사람은 우리나라와 달리 이불과 요를 부부 각각 하나씩 따로 쓴답니다. 일본 여행 중에 여관에 가 봐도 이불을 깔아주는 서비스를 받을 때 부부라도 각각 이부자리를 펴주지요.(ㅎㅎ 우리나라 문화로 보면 헤~ 하시겠지만…)

그리고 일본 부부가 부부싸움을 심하게 한 후 남편이 화해를 해보려고 각각 쓰고 있는 아내의 이부자리로 슬그머니 파고들려 할 때 화끈한(?) 한국 같으면 냅다 걷어차든지… 받아주던지 할낀데…. 일본은 으흐흑! 그냥~ 칼로 포옥~ 찌른다나!!! 엥~ 혼또! 홈마니!혼또의 오사카식 표현

아~아~, 일본은 소해가 이해토 안 쑬리고 그대로 있는 모양입니다. 이해가 너무 되어서 사랑을 오버해서 그런 건가도 생각해 볼 수 있지만…. 잘 참고 배려심 많은 일본 사람으로서는 그 오해가 없어지지 않고 마음에 축적되어 있다가 한계가 넘어서면 한 번에 크게 폭발하는가 봅니다. 헉!

그래서 일본에서는 오해가 생긴 듯한 행동을 한 것 같으면, 그때그때 서로가 직접 마주 앉아 푸는 과정이 필요한 것 같아요. 일본은 회의會議: '가이기'라고도 씁니다를 '우찌아와세打ち合わせ: 쳐서 맞추다. 일본의 '가부키'라는 연극에서 유래. 막幕과 막 사이에 서로의 안 맞았던 점을 협의한다는 뜻'라고 하는데, 우리가 흔히 쓰는 '합을 맞추다입 맞추다'라는 표현에 가깝습니다. 이런 과정도 갈등이 한꺼번에 폭발하기 전에 미리 협의해 두는 일본의 문화에 배경이 있는 듯합니다. 그리고 일본 사람의 친절함, 배려심의 안쪽에는 '그 정도가 넘어서면 언젠가 폭발한데~이'가 숨어 있다는 것을 잊으면 안 될 것 같아요.

일본 사람들은 그 어느 나라 국민보다 채소를 많이 먹는답니다. 네 발 짐승 고기는 사실 특별한 날만 먹고, 고기류라 해봤자, 생선을 하루 말려서一夜干し: 이찌야보시 살짝 구워 먹습니다.

서민의 아침 식단은, 밥에, 두부도우후에, 된장국미소시루, 다꾸앙단무지, 낫도청국장의 된장 같은 것. 오사카 지역 사람은 잘은 안 먹지만, 김노리에, 고기류라면 조그만 생선샤케: 연어, 아지: 전갱이 한 마리가 덧붙지요. 일본 사람이 네 발 짐승 고기를 먹기 시작한 것은 근세인 19세기 중반 메이지 시대부터이지요. 여기에 비하면 우리나라 국민은 많이 빠르고, 서양은 더욱 빨리 먹기 시작해서 성경 말씀을 빌리면 기원전인 노아

일본의 서민적 가정식단

시대 이후로 몇천 년 전부터 육류를 먹기 시작했답니다.

"무릇 산 동물은 너희의 식물이 될지라. 채소같이 이것들을 다 너희에게 주노라."(창 9:3)

근데요~ 네 발 짐승 고기를 먹은 사람들은, 잡아먹을 동물을 취하기 위해서 진취적이어야 하고 활동적이어야 하다 보니, 성품이 사나워질 수밖에 없고, 또한 거칠어짐을 느낍니다. 반면에, 식물을 취하는 사람은 식물처럼 무인온화無人溫和하고, 자연의 섭리에 잘 따르게 되고, 또한 잘 순응하는 기질이 되는가 봅니다.

그래서 그런지 식물을 대체적으로 많이 먹는 일본 사람은 그 식물적인 특징에 따라 비활동적이고, 방콕주의적이며, 함께 방콕하는 일이 많다 보니, 배려하는 마음이 자연 발생적으로 생기게 되고, 잘난 척하게 되면 그게 도리어 공동생활에 악영향을 미치게 될 것이니… 사전에 이지메 해서 왕따로 뽑아내고, 그저 티 안 나며, 온화하게 사는 생활의 지혜 같은 것이 자연스럽게 생겨나게 되었지요.

그러니 푸다닥거리지 않고, 설치지도 않고, 다투지도 않으니, 마음이 상처를 많이 안 받아 스트레스도 적게 받고, 동물성 기름飽和지방산도 적게 먹고, 무엇보다도 소식少食을 하여 평균적으로는 세계 최고의 장수를 자랑하는가 봅니다.

장수하고 싶으면 이처럼 그 섭리를 알아야 한답니다. 우선, 채소를 많이 먹고, 네 발 짐승은 피하고, 소식을 해야 하는 것이죠. 또한 서민적인 일본인들처럼 근면하고, 성실하라는 것인데 이에 따라서 운동하라는 뜻도 포함됩니다. 그래서 일본이 '세계 최고의 장수 나라'가 된 게 아닐까 싶네요.

아~ 소주에, 삼겹살에, 폭탄주에, 화끈한 우리나라… 참 좋습니다.
그러나 오늘 마셨으니… 내일과 모레는 쉬삼~ㅎㅎㅎ

일본엔 아직도 오래전 우리나라에서 유행하던 '만담' 같은 것이 존 재합니다. 제가 어릴 때 여러 만담가 중에 '장소팔과 고춘자'가 유명 했던 것으로 기억하는데, 두 명의 연사가 서로 에피소드를 얘기하 며 관중을 웃기게 만드는 일종의 코미디 장르지요. 현재 우리나라 의 코미디 프로그램인 〈웃찾사〉나 〈개그콘서트〉처럼 일본에서는 이런 장르의 TV프로그램이 꽤 유명합니다.

현재 대부분의 일본 텔레비전 프로그램의 유명한 코미디언은 이 코미디 장르에서 '성공의 관문'을 통과해서 나온 사람들이 대부분이 랍니다. 그들을 '오와라이 게이닌お笑い芸人: 직역하면 웃기는 예능인'이라 부 릅니다. '턴네루즈Tunnels', '다운타운Downtown', '웃짱 난짱' 등은 거 의 베테랑으로 텔레비전 프로의 황금시간대에 자기네들의 프로를 가지고 있을 정도랍니다. 이 일본식 코미디 장르에서는 두 사람의 역할이 뚜렷한데, 그 담당 역할의 한쪽엔 바보스러운 짓을 하는 '보 케' 역役이, 또 다른 한쪽엔 그것을 지적하는 '쯔꼬미' 역이 있답니다.

이러한 문화는 서로가 언제나 보좌해 주고 돌봐주는(똑똑한 혼자 가 아닌) 일본적 특성을 반영한다고 느껴집니다. 일본의 속담에 "み んなで渡れば怖くない.함께 건너면 무섭지 않다"라는 말이 있답니다. 혼자 서는 잘 움직이지 않는 국민성이라는 것이지요. 그래서 항상 Pair페 어,짝가 있다는 것입니다.

정치를 하는 정당 안에도 파벌이 있고, 또 그 속에 짝이 있습니다. 회사 내의 조직체 안에도 눈에 보이지 않는 파벌이 있으며, 또 짝이 있답니다. 예를 들어 이 글을 쓸 당시 정권을 잡았던 민주당에도 오자와 파, 하토야마 파 등의 파벌이 존재하며, 당 내에서는 '보케' 역할의 하토야마 수상과 '쯔꼬미' 역할의 오자와가 있었습니다. 그리고 간 나오토 수상이 정권을 잡아 '보케' 역할을 하게 되면 누군가 또 '쯔꼬미' 역할자가 나타날 것이라는 거지요. ㅎㅎ

일본인과 비즈니스를 할 때에도 이 부분을 잘 봐야 한답니다. 담당자가 그 회사에서 어떤 역할을 하고 있는지 살펴야 합니다. 한쪽만 일방적으로 만나면 다른 한쪽 역할을 하는 담당자가 눈에 안 보이게 삐쳐서 거래가 어려워지는 답답한 경우를 만난 적이 있을 겁니다. ㅎㅎ 그래서 일본은 한 번씩 회사 옆 술집을 '제2회의실'이자카야: 居酒屋이라고 부르며 '보케와 쯔꼬미' 간의 회포를 푼답니다. (그런 자리에 초대받아 함께할 수 있다면 동료로서 인정받은 게 되고, 초대받는 당사자도 역할을 인정받은 게 되어 기분이 최고지라~)

일본에서는 애자식를 잘 키우려면 '공원 데뷔'를 잘해야 한답니다. 근데… 이 '공원 데뷔'가 보통 까다로운 것이 아니라서리…. ㅎㅎ

애를 유모차에 태워서 자기가 사는 지역 공원에 입장출석하는 것을 '공원 데뷔Debut'라고 부르지요. 그런데 공원에 가면 각각 엄마들의 그룹이 있답니다. 그리고 그룹에는 대장리더 격이 존재하고요. 그 대장이 상당한 권력(?)을 가지고 공원의 '마마 그룹'을 운영하는데… 이 대장 마마에게 잘못 보이면 혜택을 많이 못 받아 암울한 지역 육아 생활을 하게 된답니다.(에고~ 츠암! 더러버서~~~카지만 ㅋㅋ)

그 혜택이 뭐냐면요~ 나름 상당히 대단한 금전적, 정신적 지지가 되는데요. 육아를 하는 어머니들의 경우 돈이 많이 드는 아기들 옷을 서로 공유하는 것부터 해서, 장난감, 유아 학습도구, 심지어 엄마들의 육아용품까지 서로 나누며 바꿔 쓰는데… 문제는 이들이 정보를 서로 공유하는 권한을 대장이 가지고 있으니 꼼짝을 못 하는 것이지요.

그 대장에게 알사탕 아부도 해야 하고, 간간이 식사 대접도 해서 되도록이면 신품에 가까운 옷가지나 용품을 빌려 쓰고 얻어 써서 이 어렵고 험난한 육아 시절을 슬기롭게 넘어가는 것입니다.

일본 사람은 스스로를 '야마토大和 민족'이라고 부릅니다. '야마토'라고 하면 우리 한국에선 '우주전함 야마토'가 제일 먼저 생각날 텐데요. 이 야마토 정신을 한자로 풀어보자면 '와和'에 해당합니다. 제

각기 다른 부족이 서로 합쳐서 큰 민족을 이루는 것 같이 대화합'大和'을 이루어서 만들어진 나라를 의미하는 것이지요. 여기서 재미있는 것은 '와ゎ'라는 일본식 발음입니다. 같은 동음이의어로서 '차바퀴 륜輪'도 '와'라고 읽습니다. '輪'은 하나의 둥그런 원圓으로 형성된 것을 의미하지요. 그 형성된 원와: 和 & 圓 안에 못 들어가면, 여러 가지 면에서 뒤처지고, 우리 식으로 보면 '왕따'가 되어 결국은 소멸(?)로 가는 것이지요.

이러한 역사적인 습성이, 현재 일본의 파벌派閥 문화로 재형성이 되어 계속 영향을 미치는 게 아닌가 싶네요. (그려~ 음…) 그렇기에 어디를 가도, 어느 조직을 보아도 눈에 잘 안 띄지만 와輪: 좋지 않은 의미로 派가 존재하며, 그 와和, 輪, 派에 들어가기 위해서 지혜와 부단한 노력이 필요하다는 것이지요. (아~ 어려운 나라~~~ ㅎㅎㅎ)

그러나 좋은 예로… 이십여 년도 훨씬~ 전 일이지요. 제 아내의 일본 '공원 데뷔'는 거의 완벽에 가까웠지요. 아들을 유모차에 태우고 가까운 공원에 가설라무네… ㅋㅋ 기존의 대장 일본 아줌마를 그~ 냥! 이빨화술의 이단옆차기(?)와 미모애살?의 뒷차기로 한 방에 깔아뭉개고, 스스로 대장 지위를 갈취했다나… (크~ 역시 어디를 가도 억센 한국 여자…)

덕택에요~ 복(?) 많은 울 아들은 어린 시절에… 풍족한(?) 옷가지와 온갖 장난감 속에 파묻혀 살 수 있었답니다. ㅋㅋ

이 글을 쓰고 있는 오늘은 요일 중 애매한 위치에 있다는 화요일이에요.

그러나 "오늘은 우리의 남은 인생의 첫날입니다."

즐겁고 행복하세요~

일본에 '극락 잠자리'라는 말이 있답니다. 극락 잠자리… 일본 말로 '코쿠라쿠톤보極樂とんぼ'라고 쓰지요. 의미를 설명하면 이렇답니다.

자기가 살고 있는 현재의 모습과 환경이 이 세상에서 가장 좋은 것으로 느낀다면 그곳이 극락의 세계이며, 자신이 그 세계의 잠자리 같은 존재가 되면 최고라는 것이랍니다. 조그만 곳, 작은 것에서 감동을 느끼고, 꽃이 피고 지는 것이나, 멋있는 길이나, 그 거리의 냄새나 분위기나, 조그만 뭔가에도 감동할 수 있는 창조주의 손길이 있음을 느끼는 것이 현세의 극락이 아닌지….

출장을 다니며 라면을 먹든, 오쯔마미안주를 먹든, 병아리나 나비가 태어나는 기적적인 모습을 보든, 일본의 아주 구석에 있는 시골에 출장 가서 자기 손으로 직접 문을 여는 구식 전철을 보고, 지역에 따라 에스컬레이터의 우측통행과 좌측통행 Rule이 다른 것을 볼 때, 오랜 친구를 내일 또 만날 때, 오랜만에 옛 친구를 만날 때나, 아버지 어머니 닮은 분을 또 접할 때나, 일상의 동료를 내일 또 만날 때, 이 순간 집을 나가 거리를 거닐며 사람들을 지나칠 때에 조물주가 역사하심을 느끼고 살 수 있다면… 나 또한 '코쿠라쿠톤보極樂とんぼ'가 될 수 있는 것 아닐까요?

이 글을 쓰고 있는 오늘은 요일 중 애매한 위치에 있다는 화요일이에요. 그러나 "오늘은 우리의 남은 인생의 첫날입니다." 즐겁고 행복하세요~

'TOMY'라는 일본의 장난감 대기업이 있답니다. 조그만 '미니 자동차TOMYCAR: 토미카'로 유명하지요. 한때 공장이 일본 내에 3개나 있었고, 사원수만 해도 3,000명이 있었는데… 지금은 한 개의 공장과 600명의 사원으로 축소되어 있지만, 불황을 극복하고 재기에 성공한 회사로 유명하지요.

그 재생 신화를 본 적이 있지요. 지금의 사장은 3대째이며 60대 중반은 넘은(수염을 길러서 감을 못 잡겠음… ㅎㅎ) 온화하게 생긴 아저씨이지요. 왜 이 회사에 관심을 가졌는가 하면~ 그가 수염을 기르고 있기 때문이랍니다.

근데 재미있는 건 이 아저씨가, 저도 그렇게 되고 싶은 '괴짜Geek: 일본말로는 ヘンテコ헨테꼬'라는 것이지요. 그가 말하는 '토미카의 성공전략'은 물건만 파는 것이 아니라네요. 장난감과 만화, 그리고

책과 잡지, DVD 등의 정보를 통한 설명으로 상품의 라이프 사이클을 더욱 늘린다는 전략이지요. 무엇보다 제가 그를 '괴짜'라고 하는 것은, 질문을 던졌는데 그 대답이 너무 놀라워서였습니다.

일본의 장난감 기업 다카라토미의 토미카

질문: 궁극적으로 이상적인 좋은 장난감은 무엇입니까?

대답: 많이 팔리는 거지요. 아무리 기술과 디자인이 좋은 장난감도 만 개밖에 안 팔렸지만, 얇은 게임카드 유기오^{유희왕: 遊戱}^{王을 뜻함}가 3억 장이나 팔렸기 때문입니다.

질문: 회사를 살리는 데 가장 중요한 것이 무엇이었습니까?

대답: 장난감을 버리는 것이지요.(제가 뿅! 간 곳입니다. ㅋㅋ) 3,000 명을 600명으로 숱이고 회사를 재기할 때에… 왜 나에게 이런 어려운 일이 생긴 건가 생각도 했지만… 변화를 위해서는 기존의 모든 것을 버려야 했습니다. 어린이를 위해서, 회사를 위해서 리스트럭처링Restructuring를 했지요.

"장난감 회사를 살리기 위해선 장난감을 버려야 한다!"

그래서 변화'개혁'의 의미에 가깝습니다가 된 것입니다.(역사 5: 무스탕 vs 제로센0戰 참조) 무서운 말입니다. 물론 그의 회사는 지금도 장난감을 만들고 있습니다. 미니카와 플라스틱 팽이에선 독보적으로 톱 Share를 유지하고 있습니다. 매출 증가와 이익 유지의 비결에 그의 대답은 "우리 회사는 재미의 정보전달 회사기 때문이지요…."(아!!! 세상에~~ 정말 똑똑하네~~ ㅋㅋㅋ 나도 변해야 하는데… 나도 괴짜가 되어야 하는데… 그래서 수염 기르고 있는데… 씨~ 이 글을 쓰고 있던 당시 저자도 수염을 길렀답니다. ㅎㅎ)

나보다 여러 발짝 앞서가는 사람이 있어 감사합니다…. 이렇게 하루가 시작되어 너무 좋습니다.

과거엔 일본에서는 기업문화의 장점을 표현하는 몇 가지 단어가 있었습니다. 가끔 시대에 많이 뒤떨어진 학자나 일본을 좀 안다는 어설픈 전문가들은 아직도 그 단어를 쓰고 있습니다만… 바로 이런 단어였습니다.

'종신고용제, 연공서열제'

이제 이 단어를 일본의 장점이라 일컫는 학자는 일본 내에선 거의 없습니다. 웃기는 얘기지만, 한국의 학자들이 아직까지 일본의 기업문화라고 이 단어를 들먹이는 것을 아직도 곧잘 이쪽저쪽에서 듣게 됩니다.

제가 이전에 근무했던 회사는 일본 IT업계에서 잘나가는 편이었고, 상장기업이며, 일본 경제 Index 100사에 들어있는 썩 괜찮은 곳이었습니다. 그런데 이 회사 젊은이들의 평균 근속 연수는 (업무의 특성도 있지만) 3년이 되지 못했습니다. 그래서 채용 부문과 노무 부문이 참 많이 힘들었던 기억이 있습니다. 한쪽은 퇴직 인원의 자리를 메우기 위해서 채용 면접 보기에 여념이 없고, 다른 한쪽은 온갖 지혜를 동원해서 퇴직을 막기에 정신없습니다.

'종신고용제'는 무너졌습니다. 지금 다시 그 회사를 보면, 승진이 무척 늦다는 게 일본 기업의 특징이었음에도 불구하고 젊은 40대 초의 이사들이 대거 승진해 포진되어 있고, 30대 후반 부장들은 당연한 듯이 많이 있었습니다. '연공서열제'도 옛말이 되었습니다.

일본은 2차 세계대전에서 패망한 나라입니다. 일본의 젊은 남자들은 그 당시 일부 정치인의 탐욕과 오판으로 인한 침략전쟁으로 목숨을 잃고, 결국은 폐허 속에서 항복을 했습니다. 이후 아이들을 많이 낳았습니다. 그 세대의 아이들을 '제1단괴團塊 세대'라고 부릅니다. 1945~1950년생이 그들입니다. 2019년 지금 나이로 69~74세의 연대들입니다. 그들은 세대층이 두껍습니다. 그래서 경쟁이 심하고, 머을 것도 부족하며, 폐허를 일구기 위해서 희생을 많이 한 세대입니다. 바로 그들이 만든 기업 문화가 '종신고용제', '연공서열제'입니다. 이제 그들의 대부분은 일할 수 있는 의욕은 있으나 많은 사람들이 정년퇴직을 하고 집 안에 있습니다.

아날로그 기술이 뛰어난 그들이 아깝기도 하지만… 그들에게 자식들이 있습니다. 평균적으로 30세 즈음에 낳은 아이들입니다. 통상 1970~1980년생쯤이 그들입니다. 이들을 '제2단괴團塊 세대'라고 부릅니다. 많게는 40대 후반이며 적게는 30대 후반입니다. 이들 역시 세대층이 두껍습니다. 즉 인구가 많습니다. 그러나 제1단괴團塊 세대와 다르게 동경 올림픽을 성공리에 마치고 급성장하며 풍족한 일본에서 태어나고, 길러진 아이들입니다. 애국심보다도 이기심이 더욱 강하며, 고정관념보다는 개방적 사고의 지배를 받습니다. 일본말로는 平和ボケ헤이와보께: 평화 바보라고 일컫는 세대지요. (현 우리나라 N 또는 G세대와 비슷?)

약 10여 년 전쯤인가. 일본의 제법 큰 상사의 한국 주재원이 집필한 책이 한국에서 큰 센세이션을 일으킨 것이 기억에 새롭습니다. 『한국이 죽어도 일본을 못 따라잡는 10가지 이유』가 그것입니다. 모모세라는 사람으로 기억합니다. 아직 난 그를 만나지 못했지만…
언젠가 만나겠지 하고, 기대하고 있습니다. ㅎㅎ

그 역시 우리나라 한국을 잘 모릅니다. 그 또한 한국의 뒤떨어진
학자가 일본을 '종신고용제'나 '연공서열제'라고 뭔가 아는 듯이 말
하는 것처럼, 우리나라를 '주먹구구식', '무데뽀식', '모화사상, 중화
사상' 등으로 설명하려고 했습니다. 물론 그가 겸손히 한국을 사랑
해서 그렇게 적었다고 하니 용서하겠습니다. 그럴 자격은 없습니다
만, ㅋㄷㅋㄷ

이렇듯 세대는 변화합니다. 미래학자 앨빈 토플러 부부가 벌써
미래 예측 서적을 몇 권이나 계속적으로 발간한 것처럼, 변화무쌍한
것이 현실이며 미래예측은 참 어렵습니다. 이를 보고, '신묘막측神妙
莫測'하다고 부릅니다. 어딘가에서 읽은 기억이 있는 단어입니다. 성
경 말씀에 우리 모두는 '나그네'라고 합니다. 그래서 떠돌이 생활이
당연하다는 것입니다. '종신', '서열' 등은 한곳에 오래 있을 때 생겨
나는 말입니다. 적어도 저에겐 맞지 않는 단어인 것 같습니다.

'아브람'이 '아브라함'이 되기 전, '사래'가 '사라'로 되기 전 그들
은 그 당시 좋은 땅이었던 메소포타미아 중에서도 물이 풍부한 델
타 지역인 우르 땅을 말씀 하나 믿고 떠나와 젖과 꿀이 흐르는 가나
안으로 향합니다. 아브람은 가는 곳마다 제단을 세우고 주어진 말
씀에 대하여 확신을 합니다.(그가 세운 제단을 세어보니 틀렸는지 모르
지만 7번이었던 것 같습니다) 그리고 나서야 믿음의 조상이 되고 '아브
라함'으로 거듭납니다. 나그네를 통해서 이루어진 것입니다. 이후
야곱도 떠나고, 요셉도 떠나며, 저도 우리나라를 오랜 기간 떠나와

있었습니다…. 나그네입니다….

　수렵문화와 농경문화의 차이일 수도 있을 것 같습니다. 그 문화의 차이에 따라 수렵을 하기 위해 밖으로 나가야 하기에 진보적인 사람이 될 수 있고, 한 곳에서 땅을 갈고닦아야 하기에 보수적으로 변할 수도 있습니다. 하나님 보시기에 어느 쪽을 기뻐하실까요? 농부였던 카인의 제사는 받지 않으시고, 양치기였던 아벨의 첫 양 새끼의 제물을 흠향한 하나님이십니다. 여기에 질투한 카인이 동생 아벨을 죽이고 맙니다. 그 카인은 질투하고 땅에 머물기 좋아하고 보수적이려니…. 우린 그 카인의 자손이려니….

　지금 일본과 한국 사이에서 아주 많이 나그네 짓을 하고 있는 저로서는 참으로 부족함을 느낀답니다. 더 넓게 보고 싶고, 느끼고 싶고, 감동하고 싶습니다. 그래서 세대의 변화를 느끼고 바른 방향을 제시하고 싶습니다. 이 삶이 계속되는 한….

좀 오래전 2007년에 책 한 권을 3~4시간 동안 급독한 적이 있답니다. 『펭귄을 날게 하라』라는 책이에요. 글쓴이는 한국인이고, 그 글의 배경은 일본의 홋카이도北海道의 만년 적자 동물원인 아사히야마旭山 동물원입니다. 그 동물원이 그야말로 '기사회생' 되어가는 내용을 쓴 글이랍니다.

글쓴이의 마음을 들여다보자면, 뭐든지 잘하려면 '절실함', '처절함'이 있어야 하며… 실패하는 자는 "○○ 때문에 안 됐다"라고 하지만 이런 자는 아마추어이고, 성공하는 자는 "○○임에도 불구하고"라고 하며 고난을 넘고, 입술이 부르트며 밤샘을 하면서도 새로운 아이디어로 끝까지 해내어 프로페셔널이 뭔지 보여준다는 주제를 담고 있던 책으로 기억합니다.

물론 책 내용은 많이 잊었지만… 책의 주인공인 반도坂東 아사히야마 동물원장은 제가 이상으로 여기는 그런 사람이었던 기억은 남아있습니다. 우연히도 오늘 TV를 보는데, 아사히야마 동물원의 Documentary가 방영되기에 느낀 점을 적어보았어요.

'산 사람'의 의미란 무엇일까요? 그럼 죽은 사람은? 많이 생각을 하고 나면… 이렇게 결론을 내는 경우가 대부분일 겁니다. '산 사람'이란… 무릇 많은 사람들의 마음에 좋게 기억으로 남아있는 사람. 반면에… 죽은 사람은 기억에 없는, 단지 이 세상에 왔다가 간 사람이 되겠지요.

모든 이들은 특이한 경우를 빼곤 '산 사람'이 되고 싶답니다. 그러려면 '성공하는 사람'이 먼저 되어야 하지 않을까요? 뭐든지(물론 영적으로도…) 절실하게 처절하게 임해야 할 것입니다. 그리고 철저히 이해하려 하고명철해지고 사랑하려 해야용서해야 할 겁니다. '5−3=2'가 되고 '2+2=4'가 된다는 숫자를 아시지요?(앞에 나왔지라~ '문화 5: 칼로 물 베기 vs 칼에 폭~ 베이기') 오해를 세 번 생각하면 이해하게 되고, 이해를 두 번 하면 사랑한다는 의미시요.

자~, 오해하지 말고 이해하며, 이해를 자꾸 해서 사랑을 베풀고, 이와 같은 것들을 처절히, 절실히 하면 바로 '산 사람'이 되는 것 아닐까요?

일본에선 매년 한 해가 끝날 즈음인 12월 12일 교토京都의 기요미즈 테라淸水寺 일본한자능력검정회가 일반인으로부터 공모를 받아 한 해를 대표하는 한자漢字를 발표하고 있습니다. 최근 3년간을 보고 느낀 점입니다. 음~

2007년도 올해의 한자: 거짓 위 僞り : いつわり, 이쯔와리

2007년에는 식품이나 야채의 원산지 위조사건, 가공식품의 원 재료 위조, 유통기한의 변조 등의 문제가, 2008년도는 식품의 품질 문제가 일본을 무진장 흔들었답니다. 한 예로 2008년 5월 말 유명 한 고급 요리점인 센바기초船場吉兆는 두 번의 먹다 남은 요리 재사용 사건으로 100여 년 전통의 막을 내리게 되었답니다.

이 뿐만이 아니지요. 열 받습니다. 저도 일본에서 연금 오래 내 어 왔었는데… 정치적으로 보면 연금 기록의 소실, 정치활동비의 거짓 보고, 관공청의 비자금이나 민간 기업의 방위청에 대한 골프 접대 등으로 2007년에 이어, 2008년에도 '정직의 일본'이 무너진 한 해가 되었지요.

품질의 일본도 위기였습니다.(아~ 옛날엔 이런 거 없었는데요… 끙~)

제가 일본 온 때가 1988년이니까 그 당시 20여 년이 되었는데… 그렇게 많은 거짓 사건이 계속, 연이어, 줄줄이… 아니 폭발적으로

나오기는 처음이랍니다. 건축회사의 내진 설계 위장, 인재 파견 회사의 위장 취업, 어학 학원의 거짓 발각, 일본의 국기인 스모나 복싱이나 스포츠 선수들의 승부 조작까지 발각되었답니다. 세상은 지진과 기름 유출과 홍수와 가뭄 등으로 끊임없이 크고 작은 피해를 입고, 각 나라별로 그 국민의 수준에 따라 시끄럽고⋯ 내 나라⋯ 사랑하는 우리나라는 수입 소고기 촛불시위 이후, 천안함, 세종시, 4대 강 등으로 무진장⋯ 우리나라 국민성(?)에 걸맞게 시끄럽습니다. 뉴스에는 그 당시 북한의 대장님(?) 위독설이 나돌고, 후계자가 누구인가에 대해서 중국, 일본, 러시아는 벌써부터 관심이 높습니다. 2019년 현재는 벌써 새로운 대장님(?)이 통치하고 있지요.

그런데도⋯ 내 나라를 시끄럽게 만드는 반대를 위한 반대의 목적이 국민을 위한 것인지, 아니면 정권 붕괴가 목적인지, 외세의 참견인지, 누가 거짓을 저지르고 있는지 그릇된 짓을 하고 있는지 알고 싶답니다. 바르지 못하면 언젠가는 그 죗값으로 처벌받는데⋯.

우리는 뭣 때문에, 왜 이렇게 크게 동요되는지, 뭐가 그렇게 피터지게 울분을 터트리게 만드는 원인인지, 꼭 그렇게 여중생까지 우비까지 입고 초를 들어야 하는 건지, 그리고, 왜 촛불집회면 성스러워 보이는 건지, 누가 또 그것을 역이용하고 있는 것은 아닌지 지켜보고 싶다⋯.

이제 걷잡을 수 없도록 데모하는 그들만 내 나라 한국을 사랑하는 것이 아닐진대⋯ 이제 우리나라는 아직도 허덕이고 있는 동남아시아 나라들과는 달리 좀 조용히, 발전하고, 잊어버린 활기를 되찾아야 될 시기인데, 표면상 '자유 평등 민주'를 외치는 인간들이 애국

자처럼 보이는 것이 착각된 현실이 아닌지… 큰일입니다. 판단이 흐려져 있습니다. 세상 참 어지럽습니다. 2019년 지금도 세상은 여전히 아니 더욱더 어려워졌습니다.

미국은 서브 프라임, 리먼 쇼크, 기름 유출 등 계속되는 경제파동 및 트럼프 대통령의 미국우선정책으로, 이탈리아는 쓰레기 미처분, 그리스는 경제 파탄으로, 프랑스는 이민족 차별 문제와 대통령의 이혼 이후 새로운 젊은 대통령의 개혁, 결혼과 월드컵 꼴까닥 등으로 시끄럽습니다. 독일은 여성 수상이 열심이지만… 영국의 브라운 수상은 지지율이 떨어져서 결국은 여성수상인 메이로 바뀌었지요. 일본도 수상과 여당 간사장이 바뀌고 인기 유지에 급급하여 급격히 우클릭 국가국수국가: 우파국가로 바뀌었고, 중동 석유나 선물 등은 안정치 못하고 계속 오르락내리락하고, 그 여파로 몇몇 나라의 소비자 물가는 Double로 뛰었습니다. 일본은 기간산업인 자동차 판매가 몇 년 전만 해도 전년 대비 미달이었고… 경기가 안 좋았던 그 몇 년 전의 가전업계는 일본 가전업체를 다 통틀어도 한국의 삼성전자 단일 기업 매출에도 못 따라갔었지요… 우리나라도 이런 일본의 전철을 밟으면 안 되겠지요!

위僞:거짓 위! 너무 이 짓을 많이 저지르고 있지 않나요? 성경의 「잠언서」에 있는 말씀을 떠올려봅니다. "거짓 고자질은 맛난 음식과 같아서 뱃속 깊이 내려간다."라고 합니다. 그래서 우리들 중의 많은 인간들의 뱃속에 그 고자질이 넘쳐있지 않은가요? 고자질을 너무 쉽게 하지 않는가요? 고자질, 그것에 '정직'이라는 가면을 씌워 나만의 이기利기를 내세우고 있지 않은가요?

"고자질하는 하는 사람은 이간을 붙인다."라고 적혀 있지요. 우리는 그 고자질을 '정직'으로 착각해서 너무 듣지 않았나요? 그 고자질을 너무 들었기에 분별도 서지 않고 판단도 되지 않는답니다.

오늘은 이제 퇴근하렵니다. 집에 가서는요~ 그리고 문 닫고 조용히 앉으렵니다. 나 또한 그 거짓 고자질로 분별력을 잃었는가 회개하며, 나 자신의 소망과 용서와 사랑을 찾아야 하겠습니다.

2008년 올해의 한자: 변할 변變

일본에서는 단기간에 총리가 바뀌었고, 미국에서는 "Change"를 호소한 오바마 씨가 흑인으로서는 처음으로 대통령에 선정되었답니다. 그리고 세계적인 금융의 변동, 아메리카의 서브 프라임 문제, 리먼 브라더스의 도산 등이 일어나 세계 경제에 대변동을 불러왔고, 주식 폭락, 엔고 현상, 파견직 고용 등의 문제가 있습니다. 중국산 식품의 안정성 문제, 가솔린 가격의 폭등, 아키하바라 무차별 살인사건 등으로 생활이 불안했던 1년이자, 세계적인 기온 이상도 선정 이유에 포함되었지요.

2009년 올해의 한자: 새 신新

일본어 발음도 '신しん'으로 같습니다만, 일본의 한 해를 상징하는 한자로 '신新'이 뽑힌 이유는 다음과 같습니다.

이 해의 일본 유행어 대상으로 '정권교체'가 뽑혔듯이 올해 하토야마 신新내각이 탄생한 것이나, 신新종플루 유행, 미국 메이저리그의 이치로 선수의 9년 연속 200안타의 신新기록, 그리고 미국 오바마 신新대통령의 취임, 그리고 일본의 재판원 제도나 고속도로 요금할인 등의 신新제도 개시 등이 그 이유가 되었죠. 특히 이 해는 16만 1365표로 최다 응모가 있었는데 그중 '신新'이 8.7%인 1만 4,093표였다고 합니다. 참고로 2위는 사카이 노리코일본의 여성 연예인, 마약사건과 연루나 신종플루의 백신 등과 관련해서 '약藥'이, 3위로는 마찬가지로 이들과 관련해서 '정政', '병病', '개改'가 뽑혔습니다.

자~ 2010년 12월 12일에 올해의 한자는 무엇이 될까요? 나로서는 진정성의 '진眞'이었으면 합니다…. 그러나 실제는 이렇습니다.

2010년: 暑:더울 서, 엄청 더운 일본 열도였지요.

2011년: 絆:줄 반, 서로 도움과 지원이 필요했던 일본

2012년: 金:쇠 금 돈, 금성, 일식현상 등 자연현상과 돈 관련 사건들이 많았던 일본

2013년: 輪:바퀴 륜, 일본이 하나가 되는 사건이 많았던 해

2014년: 税:세금 세, 세금이 늘어 국민의 부담이 늘어난 해

2015년: 安:편안 안, 안전한 일본에 관심이 높았던 해

2016년: 金:쇠 금, 리우 올림픽 등 금메달에 관심이 집중된 해

2017년: 北:북녘 북, 북한 문제 등 북에 대한 관심이 높았던 해

2018년: 災:재앙 재, 태풍, 호우, 혹서 등의 자연재해가 많았던 해

뭔가 와닿지 않습니까?^^

목요일 오후가 지나서입니다. 이전에 지시한 회사의 1~4월까지의 실적 분석의 결과 보고서가 나왔습니다. 역시 내용이 정상적이지 못했습니다. 매출에 비해서 물류비의 비율이 높아 이유를 분석해 본 것인데, 여러 가지 원인이 함께 동반되어서인지… 나름 제2의 개혁(제1의 개혁을 해서 만년 적자회사를 흑자로 전환했었지요)을 해야 할 때가 된 것입니다. 그래서, 오후부터는 얼마 안 되는 전 직원들과 일대일 각개전투를 하고, 금요일까지 지속할 예정으로 한 명 한 명 아니면 두 명씩 회사의 업무와 행동 변화에 대하여 의논하고 제2의 개혁매출의 성장과 함께 이익률의 성장을 진행해 가고 있었습니다.

몇 명과 회의를 하는 도중에 어떤 전화가 나의 휴대폰으로 계속 걸려 왔는데, 중요한 일을 하는 터라 받지 않았지만, 누군지 고집이 제법이라 본인의 엄지손가락도 아마 아플 듯합니다. 전화 오는 진동이 끊이질 않습니다. 결국 그 끈기에 전화를 받아보니, 본사에서 여러 가지 협의할 일이 있으니 잠시 서울로 들어올 수 없냐는 것이었습니다.

요즘 어깨가 뻐근하고 왼손의 새끼손가락 주위가 저려서 정형외과를 다니는데, 에고…. 예약한 진료와 치료, 그리고 월요일 피아노 레슨까지 모두 취소입니다. 의사들이나 레슨 선생님이나 "또 박 상이 '도리게시취소'란다"라고 할 것 같네요. 우리 직원들도 익히 단련된 지사장의 출동이라. "지사장님 '또'입니까?" 하며 일사천리로 비행기 표부터 구체적인 자료까지 필요한 지시에 맞추어 진행해 주네요. 이쪽은 숙련된 조교들이라 좀 낫당…. 즉, 덜 미안하네요.

집에도 간다고 전화하니 와이프 왈.

"또? 아덜아~ 아빠 또 온단다."

아들 왈.

"예이~(기뻐하다가), 또?"

크~~~ 반가운 정도가 점차 떨어지는 것 같습니다. 마치 군대에서 휴가 자주 오면 처음에는 반기다가 나중에는 '또 왔나?' 하는 것과 점점 닮아가는 것 같네요. '이노무 시끼~ ㅎㅎㅎ'

우리의 삶이 그런 것 같습니다. 몇 번 반복하면 쿠세癖: くせ, 버릇가 생깁니다. 같은 말도 3번 하면 좋은 말로 '잔소리'가 됩니다. 돈 아끼려 택시는 못 타고 항상 걷거나 버스를 타고 평생을 구차하게 살다가 그동안 모아둔 둔으로 느즈막에 금전적으로 부자가 되더라도 아끼던 버릇 남 못 준다고 평생을 아끼며 어렵게 사시다가 좋은 것 못 입고, 맛있는 것 못 드시고… 저금통은 결국 가져가지 못하고, 사기꾼에게, 때로는 못된 자식들에게 넘어가지만… 준비되지 못한 자식과 인간들은 흥청망청하다가 본인뿐만이 아니라 가족까지 꼴사나운 모습으로 전락한 후에, "과거가 더 행복했다"라고 후회하는 경우를 종종 매스컴에서 접하게 됩니다. 그래서 우린 무언가 항상 예비하고 있어야 할 것입니다.

원하지 않는 무슨 일이 발생되더라도 스트레스가 아닌 좋은 일이라고 마음먹으며, 언제 어떤 일이 나를 위해 생길 것이라고 기쁘게 마음의 준비가 되어있어야 하겠습니다. 항상 마음의 준비를 하고, 발생한 Issue에 감사하며, 즐겨야 할 것입니다. 예비가 안 되어 있으니 '또'가 나오는 것입니다. 그래서 Event가 생기거나, 때가 왔더라도, 새로운 변화 같지 않고, 단지 귀찮을 것 같은 불안이 야기되어 즐기지 못하게 되니 '또?'가 되는 것 아닐까요.

저는 저희 지사에 신입이든 경력사원이든 누군가가 입사하면 반드시 지켜달라고 말하는 것이 몇 가지 있답니다. 특히 초기에 좋은 버릇을 만들어 주기 위해서, 잔소리라고 여기기 전까지 반복적으로 말합니다. 머리에, 눈에, 마음에 좋은 버릇을 심어주려는 것이지요.

그중의 하나가 전화응대랍니다. 전화는 고객과의 눈 없는 Contact이자 이미지 메이킹 전선의 최전방입니다. "전화를 받을 때는 음音높이를 '도Do'나 '미Mi'로 받지 마라."고 단단히 이릅니다. 그리고 "전화 받을 땐 꼬옥 '솔Sol' 음音으로 받으라."고 마음에 심어줍니다. '도'나 '미'로 받으면 상대방이 내가 전화한 것이 받는 이에게 일상적인 것, 반복되는 것으로 여겨져 관심이 없나 하고 느끼기 때문입니다. 음 중에 맑고 고음인 '솔'로 전화를 받으면 기분이 전혀 다릅니다. 그래서인지 일본에서는 여자들에게 두 목소리가 있다고 합니다. '평소 목소리'와 '전화 목소리'…, 납득이 갑니다!!! 기가 차네요~~ㅋㄷㅋㄷ

조그만 배려지만 큰 효과가 있습니다. 그래서 예비된 '쿠세버릇'가 중요하다는 것이지요… 음~

마케팅에 전략적 4P와 전술적 4P, 그리고, 두 가지의 P가 더 있다는 걸 들어보셨는지요. ㅎㅎ 그래서, 모두 합해 10P라네요. 그 9번째 'P'가 Politic Power^{정치적인 힘}를 의미하지요. 나머지 'P'는 여론을 의미하는 'Public Opinion^{여론}'의 'P'랍니다. 미국의 유명한 마케팅의 대가, 코트라 선생님이 말하는 마케팅의 10P는 다음과 같습니다.

마케팅의 전략적 4P: Product^{상품} — Price^{가격} — Place^{유통} — Promotion^{광고}

전술적 4P: Prove^{진단} — Priority^{우위} — Partitionning^{차별화} —

Positioning^{포지셔닝}

그리고 2P: Politic Power — Public opinion

요즘 일본 정치를 보면 '참~' 가관입니다. 여기에서 '참~'은 한국도 문제가 많다는 것을 의미하고요. 특히, 우리나라는 정치성이 짙은 각 조합이나 단체가 사회적 폭력을 당연한 듯이 저지르는 나라이니까요. 히틀러 같은 선동정치가가 나타나면 독재화하기 '참~' 알맞은 나라이지요. 잘못 진행되었더라면 지난 10년간의 잔영들이 남아 하마터면 그렇게 될 뻔도 했고요. 아직도 정치 욕망에 들썩거리는 386/486⁷⁰⁸⁰세대의 나쁜 무리들 중에 대학에서 강의하며 가끔씩 TV에 나와서 선동하는 신사적이지 못한 정치인들이 제법 많다는 것이지요.

정치 3류라는 일본도 그렇답니다. 그러나 우리나라보다는 좀 나아요. 그나마 TV에 나와서 자기 민족의 각 세대를 비판하는 엉터리는 없으니까요. 한국의 어느 정치적 선동가이며 대학교수도 하고 있는 인간이 "386/486⁷⁰⁸⁰세대는 세상을 뭐 하겠다는 어쩌고저쩌고…, 그 밑의 세대는 어쩌고저쩌고" 하는 것처럼 국민의 분리를 조장하는 너무 잘못된 인간 겸, 정치가 겸, 교육자 같지 않은 분들이 우리나라에 비교적 많다는 것이지요. 이쯤에서 우리나라의 얘기는 그만 적어야겠습니다.

왜? 정치가가 마음대로 권력을 잡는 것일까? 그들이 특별난 것도 아닌데…. 그들이 권력을 잡는 요인은 운에 따르며 그 운에 부가적인 요인이 필요한데, 소위 '인기', '소문', '말, 말, 말', '단순한 납득', '좀 불쌍해 보이는 인상', '좀 고집스러우며 강한 듯한 표정' 등등이 부합되면 그야말로 부화뇌동자들이 몰려와서 순식간에 인기몰이가 일어나고 권력을 잡게 되지요.

그래서 권력을 잡은 그들은 조금만이라도 TV 인터뷰를 하게 되면 '국민은~ 국민은~ 어쩌고저쩌고….' 하며 방패막이로 국민을 이용하지요. 그러한 것을 제법 경험한 국민도 이제는 그들을 신용치 않아 초기의 정권 인기도는 급상승하다 얼마 안 지나 폭락을 하게 되는 것이 근래 일본의 모습이지요.

그래서 그런지, 아베정권이 들어서기 전 2015년 때쯤의 일본의 중앙정부는 지방정부에게 톡톡히 무시당하고 있답니다. 이전 하시모토 오사카 지사, 이시하라연이어 고이께씨 동경지사, 이전 히가시고쿠마루 미야자키현 지사, 또 최근에는 이쪽저쪽 정책에 지사들이 반기를 들고 일어나고… 비슷한 이미지로 TV를 타서 조금이라도 권력을 길게 유지하려는 잡상인 같은 정치인이 부쩍 늘어났지요.

특히 10여 년 전의 이시하라 동경 지사는 우익인 척해서 주위 국가의 마음과 역사의 쓰라림을 완전히 무시하고 망언을 일삼는 방법으로 일본 내에서는 애국자(?)라는 냄새를 풍겨서 권력을 거머쥐게 되었습니다. 그리고 계속적으로 이기적인 우익주의 발언을 일삼아 인기를 계속 유지하는 한 단계 위의 정치인이지요. 그의 일거수일투족은 아직도 정계뿐만 아니라 사회적으로도 영향력이 대단하답니다. 저도 꼬리 내리고 한 수 배워야 하지만, 도저히 만나고 싶은 마음이 안 생기는 인간상이랍니다.(그래도 마케터인데 우짜노 ㅎㅎㅎ)

이러니, 중앙정부는 뭘 하나 힘 있게 밀고 가지를 못합니다. 반면에 나쁜 버릇은 빨리 번져가지요. 그래서 각 도나 현에 있는 시·촌들이 도리어 지방정부에 반기를 들고 있답니다. 똑같은 이유지요. 중앙정부를 무시하고 시·촌에게는 무시당하고, 악순환의 전형적인 모습이랍니다. 일본은 정치적으로 리더십이 많이 약해져 있답니다.

이들의 미래 모습이 떠오릅니다. 지방의 지사들이 강한 인기와 독특한 Leadership으로 중앙으로 들어오게 되는 것이지요. 중앙정부의 인간들도 그들의 입궐(?)을 무척 바라지요. 그래야 입궐자들의 꼬리표에 붙어서 그들의 정치생명을 길게 할 수 있으니깐요. 아마도 하시모토 오사카 지사나 히가시고쿠마루 지사는 임기를 채우고 나면 중앙으로 들어오는 건 뻔히 보이지요. '지금부터 친해지면 되는데… 나와는 나이도 비슷한데….' 하는 정치꾼들이 벌써부터

주변에 많이 몰려 있지요. 쿵! 쿵! 쿵! 냄새 맡으면서… ㅎㅎ

아~~~~ 경기가 무척 안 좋습니다. 이 글을 쓰고 있던 2009년도 그랬고 2010년에도… 지금의 2018년, 2019년도요~~~ 예나 지금이나 각국이 모든 정치력을 경기 부양에 쏟고 있습니다. 그러다 보니 보호주의로 흐르기 십상입니다. 1929년 세계 대공황이었을 때에 'Buy American'이 팽배하였답니다. 자국 제품을 쓰자는 것이지요. 더욱이 각 기업들은 이윤의 극대화를 위해 판촉 활동을 통해 국민들의 애국심을 선동해서 타국 제품을 배격하게 만들고, 더욱 격해져서 국가 간의 대항이 되고, 결국 그 갈등이 제2차 세계대전으로까지 확대된 것이지요. 너무 비약한 것처럼 보일는지 모르겠지만, 결과는 역사로 남아 있습니다. 역사적 사건을 해석하는 관점은 참 여러 가지라는 것을 새삼 느낍니다. ㅎㅎ

이제 1929년 대공황 시절로부터 90년이 흘렀습니다. 과학이 더욱 발전했고, 국가 간의 무역은 더더욱 활발해졌습니다. 지구촌도 모자라 Internet으로 전 세계가 실시간 연결된 시대이며, 유학이나 각 계층 간의 교류가 참 조밀하게 진행되고 있습니다. 과거와는 다르지만, 과거는 별로 좋지 못했기에 주의할 필요가 있습니다.

여기서 마케터는 잘 행동해야 합니다. 우리 모두가 함께 잘살기 위해서요. 이기적인 국제무역이나 보호주의적 사고를 가진 각각의 마케터들을 설득하고 공동번영과 세계 환경보호 활동, 그리고 빈곤국 지원 등을 위해 협력을 이끌어낼 필요와 의무가 있는 것이지요.

힘내세요! 마케터님들~

2010년 4월 이시하라 동경도지사를 중심으로 보수신당 '일어나라 일본たちあがれ日本'이 결성되었습니다. 이시하라 신타로당시 77세 동경도지사는 의원 5명과 자신을 포함한 발기인 6명의 평균 연령이 만 70.8세로 '노인당'이라는 비판을 받는 점을 의식한 듯 "신당에 노인밖에 없다고 비판하는 건 간단하겠지만 30~50대 중에서 우리와 마찬가지로 국가를 걱정하는 사람이 얼마나 있느냐"라고 목소리를 높여 호통을 쳤다고 하는데요, 재미있게도 다음 날 열린 국정 회의 시간에 "일어나라 일본" 소속 의원들이 졸고 있는 모습이 신문에 게재되어 당 이름처럼 정말 "일어나라 일본"이라는 비아냥을 샀다고 합니다.

누구나 약점을 보려면 한없이 보인답니다. 그러니 눈감을 수밖에요. ㅋㅋ

일본 최고의 광고회사인 '덴쯔電通: 전통'사社에서는 대대로 내려오는 행동규범이 있습니다. 언뜻 보면 지독한 회사라고 느껴지지만, 그래도 읽으면 많은 도움이 되는 것 같습니다. 많은 일본 기업이 오랜 기간 동안 이 행동규범을 공유하며 중견사원은 물론 신입사원들에게 가르쳐왔습니다.

그런데, 최근2018년에 이 회사의 신입 여직원이 책임과 격무에 휩쓸려 자살을 하게 되어 일본 전체가 기업의 업무환경 개선으로 떠들썩하게 되었답니다. 모든 내용이 현재의 한국기업에 맞는 것은 아니지만 이렇게 교육을 받은 일본의 기성세대 일꾼들이 지금도 일본의 경제계에 많이 있다는 것을 알았으면 해서 올립니다.

電通「鬼十則」덴쯔의 귀신10원칙

1. 仕事は自ら創るべきで、与えられるべきではない。: 일은 스스로 만들어야만 하는 것으로, 부여되는 것이 아니다.

2. 仕事とは、先手先手と働き掛けていくことで、受身でやるものではない。: 일이라는 것은, 먼저, 적극적으로 착수해 나가는 것이지 수동적으로 하는 것이 아니다.

3. 大きな仕事と取り組め、小さな仕事はおのれを小さくする。: 큰일에 매달려라, 작은 일은 스스로를 작게 한다.

4. 難しい仕事を狙え、そしてこれを成し遂げるところに進歩が

ある。: 어려운 일을 노려라, 그리고 그것을 성공적으로 맺는 것에 진보가 있다.

5. 取り組んだら放すな、殺されても放すな、目的完遂までは…。: 착수했다면 놓지 마라, 죽어도 놓지 마라, 목적을 완수할 때까지는.

6. 周囲を引きずり回せ、引きずるのと引きずられるのとでは、永い間に天地の開きができる。: 주위를 자신의 주도로 끌고 나가라, 끌고 나가는 것과 끌려다니는 것에는 영원히 천지의 차이가 생긴다.

7. 計画をもて、長期の計画を持っていれば、忍耐と工夫と、そして正しい努力と希望が生まれる。: 계획을 가져라, 장기의 계획을 가지고 있다면, 인내와 아이디어와 그리고 정당한 노력과 희망이 생겨난다.

8. 自信を持て、自信がないから君の仕事には、迫力も粘りも、そして厚味すらがない。: 자신을 가져라, 자신이 없기에 그대의 일에는 박력도 끈기도 그리고 깊이조차 없는 것이다.)

9. 頭は常に全回転、八方に気を配って、一分の隙もあってはならぬ、サービスとはそのようなものだ。: 머리는 언제나 풀 회전, 팔방에 신경을 써라, 1분의 틈이라도 있어서는 안 된다. 서비스라는 것은 그러한 것이다.

10. 摩擦を怖れるな、摩擦は進歩の母、積極の肥料だ、でないと君は卑屈未練になる。: 마찰을 두려워하지 마라, 마찰은 진보의 어머니, 적극성의 비료이다. 그렇지 않으면 그대는 비굴해지며 미련이 남게 된다.)

감사하고 고맙게도… 저에겐 마케팅을 가르친 약 150여 명의 제자가 있답니다. 그 제자들… 똑똑하고, 지혜롭고, 튼튼하고, 의지 있고… 무엇보다도 착하고, 선한 것이 가장 큰 자랑입니다. 지금은 사회의 일원이 되어 '청출어람靑出於藍'하려고 으쌰 으쌰 중이랍니다.

되돌아보면 2006년 그해 일 년간은 용광로보다 더 뜨거운 한 해였답니다. 일본 모母회사의 한국 자子회사에서 사장을 하면서, 그 일본회사가 한국에 투자한 여러 업종의 기업의 사외이사도 했습니다. 또 우습겠지만 겸직으로 어느 정당의 정책연구소장도 1개월 하고 (정치는 저하고는 도저히 안 맞아 금방 그만두었지요)겸임교수로서 서울의 서경대학에서 1년간 마케팅을 가르쳤답니다. 나에겐 너무 과분한 복과 일이 주어진 시절이었답니다.(감사, 감사~) 그렇기에 해마다 이 시절이 되면 저에게 인사를 해주는 제자들이 있답니다. 기억해줄 만한 그런 스승도 아닌데 찾아줘서 무척 고맙답니다.

새벽엔 문득 어떤 구절이 TV스크린처럼 뇌리에 떠올랐습니다. 와세다 대학의 한 교수가 TV 코멘테이터로 나왔던 어느 텔레비전의 마지막 방송에서 하던 말이 머리 어딘가의 기억 속에서 갑자기 떠올랐던 겁니다. 헤~ 새삼스러운 기분이었답니다. 나~ 참 나이가 드니 별 희한한 일이 다 생기네요. ㅎㅎㅎ 그 이야기는 '泣き味噌先生나끼미소센세이: 울보선생'이라는 이야기였습니다.

때는 昭和소와: 일본의 연호로서 1925년~1988년의 63년간, 또한 2019년은 연호로는 华

成(헤이세이) 31년에 해당 초기 시절이었답니다. 그 당시는 일본도 살기 어려운 제국 말기의 시절이지요.

이때 어느 산간벽지에 부임한 선생이 있었답니다. 졸업식이 가까워 와서, 학생들에게 각자 자기의 꿈을 한마디씩 하도록 하였는데 어느 학생이 자기 차례가 오자 아무 말도 못 하고 흐느끼더랍니다. 선생이 왜 우냐고 물었답니다.

"저는 너무 가난해서, 먹을 것도 없고, 수학여행도 못 가고, 꿈이 없어 울 수밖에 없어요."

이 말을 들은 선생님은 학생을 부둥켜안고 마냥 함께 울었답니다. "내가 너에게 해줄 수 있는 건 함께 우는 것밖에 없구나….." 하면서요. 교육의 원점이 어디에서 시작할까 다시 한번 생각해 보고 싶네요.

해마다 방송에서는 일부 교육자들이 나라를 걱정한답시고 모여서 농성하는 뉴스를 보여줍니다. 교육은 학생들에게 모범을 보여주고, 순수한 감동을 만들어주며, 이 세상의 진정하고 깨끗한 그릇을 육성하는 데 그 목적이 있는 걸로 알고 있습니다. 그러나 지금의 몰상식한 일부 교육자의 눈과 손발과 뇌는 그들의 이권과 밥통에 치우쳐서 방황하는 학생들에게 있지 않고, 정치성을 띠고 있어서 볼썽사납습니다. 누구의 잘못이라고 말하기도 힘드네요. 우리의 뉴스를 보면, 중·고등학생이 일부 교육자를 포함한 누구에게 선동되어 무엇인가 정치색이 농후한 것에 반대하여 촛불집회에 나오기도 합니다. 또는 기성세대가 만든 성인 비디오로 초등학생의 잘못된 성도덕이 만연하고…. 어제오늘이 아니지만 기성세대가 제작한 인터넷

게임의 환영으로 어린 형이 동생을 살인하는 사건까지 발생하는 현실입니다. 이 또한 기성세대가 만든 환경인데…. 물론 우리도 회개해야지만, 교육자는 더더욱 진정성을 가지고 우리의 자식, 학생 한 명 한 명을 사랑해 주었으면 합니다. 부둥켜안아 주었으면 합니다. 함께 울어주었으면 합니다. 우리 울음이 너무 부족하지 않나요?

옛날과 달리 요즘은 정신적으로 어렵고, 힘든 학생들이 교실에 너무 많이 있습니다. 왜 그들을 방치하고, 선생님들이 ○○학습이다! ○○화다! 하며 머리띠 두르고 정치권으로 뿔뿔이 기어 나오는지…. 일본에 20-30여 년을 살아도 그러한 정치색이 농후한 선생이라는 인간을 본 적도 없지만 일본 교육은 탄탄하던데….

어릴 때 어머니는 저를 '울보'라 부르시기도 하셨답니다. 막내이기도 하고 제가 봐도 많이 울었던 것 같습니다. 요즘도 가족들이 모일 때 누님이 옛 얘기를 하다 보면 저의 울보 편력을 단골 메뉴처럼 풀어놓기도 합니다. 그렇게도 감수성이 예민했던 모양입니다. 그리도 울기 쉬운, 감수성이 예민한 학생들이 촛불집회를 한다고 거리로 나오는데, 선생이라는 그들이 도리어 학생들을 부추기는 것을 볼 때에 참 얄밉기도 합니다.

울보 선생님처럼 함께 울 수 있는 선생이 스승님이 아닐까요? 소풍날 저 구석에 혼자 앉아 부끄러운 꽁보리밥 도시락을 혼자 먹으려 하는 수철이…, 우리 멋진 선생님(?)은 미리 함지박을 준비해서 가져와 수철이 꽁보리밥과 섞고, 부자의 김밥과 가난한 자의 김치 구분 없이 된장, 고추장, 참기름 넣고 "너도 흔들고, 내도 흔들고… 낌빱! 낌빱! 똘똘 말아 낌빱~" 카믄서… ㅎㅎㅎ 눈물을 훔쳐

주며, 모두 함께 먹는 추억의 소풍의 밥시간!!! '꽁보리밥과 낌빱의 앙상블~'의 감독 겸 연출자… 그렇게 함께 울어주고 웃어주는 울보 쌔애~엠~! 여기 수철이 선생님 같은 분이 진정한 우리의 스승님이 아닐까요? 울보 선생님이 필요하네요…. 에이! 정말로!

고향을 떠나 동경에서 일하는 그녀는 어릴 때부터 끈기가 약했던 모양입니다. 학생 때는 남들 다 하는 운동부에서도 주전이 아닌 후보로서 밖을 맴돌았다고 합니다. 그러다 보니 선배들에게 따돌림 당하고, 이지메^{왕따} 당하고… 슬픈 학생 시절이었다 합니다.

대학 때의 서클 활동도 그다지 다른 점은 없었다고 합니다. 열심히 해보려 해도 과거의 습관 때문인지 쉬 싫증을 느끼게 되고, 시무룩하고, 그러한 행동 때문에 그녀는 점점 외톨이가 되었답니다. 사회생활도 마찬가지였답니다. 한 회사에 오래 머무르지 못했답니다.

이쪽저쪽 옮기다 보니, 이력서엔 짧게 재직한 회사 이름들이 널리게 되었답니다. 이젠 더 이상 그러한 사람을 받아주지 않게 되었습니다. 그러다 보니 삶을 비관하게 되고, 부정적이 되었으며, 자신이 미워지고, 주위가 미워졌지요. 더 이상 정사원은 되지 못하게 되자, 파견회사에 들어가서 아르바이트로 일하게 되지만, 그것조차도 오래가지 못하고 전전하며, 눈물로 점철된 힘든 생활의 인생이라고 자포자기하며 사는 삶의 연속이었더랍니다.

그녀의 마지막 아르바이트는 슈퍼마켓의 계산대^{레지} 담당자였습니다. 이 업무도 단순 업무라 금방 싫증을 느끼고 괴로워하고 있던 와중에 고향의 엄마에게서 전화가 왔더랍니다.

"이제 그만 고생하고 고향으로 돌아와… 같이 살자….'라며…

그녀는 맘먹고 사표를 쓴 후 짐을 챙기는데, 어릴 적 글이 담긴 노트를 우연히 발견하여 읽게 되었답니다. 그 글에는… "나의 꿈은 피아니스트가 되는 거예요~"라고 적혀 있었답니다. 문득 그녀의 기억을 더듬어보니, 자신이 도중하차하지 않고 가장 오랫동안 지속한 것이 피아노 레슨이었다는 걸 새삼 깨달았답니다. '그래… 그래서… 난 계산대의 레지 기계BUTTON를 잘 두드리는구나….'

"엄마~ 나 좀 더 해볼게…."

걱정하는 어머니께 그렇게 얘기하고, 다시 슈퍼로 향했답니다. 레지의 계산대에 익숙한 그녀는 손님과 인사도 할 정도로 숙련되고, 이젠 농담도 할 수 있게 되었답니다.

어느 날, 바쁜 휴일의 슈퍼. 장내 방송이 몇 번이나 울립니다.

"손님 여러분~ 레지계산대의 비어있는 곳에서 줄을 서 주세요~"

또 들리고, 또 들립니다. 헤~ 엉? 그녀가 문득 옆의 레지를 보니, 그녀 앞의 레지 줄만 길게 늘어나 있는 거예요. 그녀의 눈엔 눈물이 흐릅니다. 손님들이 그녀의 레지를 좋아하고 짧은 시간이라도 그녀와 얘기하는 것이 행복하대요.

"난 이 레지에 설레요. 난 그녀와 얘기하는 게 즐거워요~"

할머니며, 아줌마며, 학생이며, 아저씨며, 그녀의 줄은 장사진…. 그렇게 되어 오늘의 그녀는 레지의 책임자이며 교육담당 주임이 되었고 이력서는 슈퍼 레지 담당에서 멈추게 되었답니다.

일요일 낮에 읽은 내용입니다. 감동되어 올립니다. 나의 주위에 아주 비슷한 일본 사람이 있습니다. 그 사람에게 이 이야기를 들려주었습니다. 그 사람도 울었습니다. 울면 변한답니다. ㅎㅎㅎ

인간의 장기臟器를 인공적으로 만들기 위해선 ips라는 줄기세포가 필요하답니다. 이 세포로 내장, 신경세포, 피까지도 만들 수 있다네요. 햐~ 세상에! 그런데 이 세포의 생성과정이 암세포의 생성과정과 너무 닮았답니다. 전문의專門醫의 말을 그대로 베끼면 글쎄 "종이 한 장 차보다 더 가깝다~"랍니다. 나~ 원~ 참~

일본의 유명한 저널리스트 타치바나 다카시立花 隆 씨가 방광암에 걸려서 자신의 암을 연구하는 TV 프로를 보았답니다. 음~ 일본 사람의 파고드는 성격 하곤… 일본은 국민 2명 중에 1명이 암에 걸리고, 사망자의 1/3이 암 때문에 죽는답니다.

근데 이 암이요~ 치료제가 아직도 없다는 겁니다. 세계 암학회에선 앞으로 50~100년은 더 걸릴 거랍니다. 왜냐면… 참… 암도 그 자체가 생명을 만드는 줄기세포이기 때문이랍니다. 수년 전 어느 막장드라마 대사 중 "암도 생명이잖아요~"라는 게 있어서 국민들의 성원을 샀는데, 사실 의학적으로 보면 그 말이 맞긴 하다네요. ㅎㅎㅎ 그래서 몸 안에 들어와도 면역세포마크로 파지나 백혈구가 적군敵軍이라고 판단치 않고, 도리어 암세포의 갈 길전이을 터준답니다. 전문용어로는 '침윤浸潤'으로 근육을 통과해서 핏줄까지 안내(?)해 준답니다. 으흐흐~ 강해지려고 변형하려는… 오래 생존하려고 무리하는….

어하튼 정상을 넘어서서 진화하려는 일련의 작업들이 종이 한

장 차이로 잘못 진화할 때가 있습니다. 좀 복잡하게 전문용어로 설명하면 유전 신호의 MISS COPY가 PASS WAY에 보내져서 계속 다른 유전자로 변형되는 '암 유전자RAS'가 되는 거랍니다.

생명 주체인 '태아'나 '수정란'은 태반의 저산소 상태에서 살아남기 위해서 HIF-1이라는 특이한 세포적 기능을 가지고 있답니다. 그런데요. 세상에나~ 이 지독한 암세포 역시 환경이 열악한 저산소에서도 살아남는 HIF-1을 가지고 있답니다. 즉, 진화하고 유전하는 측면에서는 암세포와 태아 수정란이 동기동창이라는 것이지요. 한쪽은 인간을 만들기 위한 세포이며, 한쪽은 진화하지만 그것으로 인해 인간은 죽게 된다는 점만 다를 뿐이지요. (공부 되네~ ㅎㅎㅎ)

TV프로의 마지막 부분이 기억에 남습니다. 평생 암 환자만 치료하던 도쿠나가德永라는 의사가 이렇게 말합니다.

"人間はみんな死ぬ力を持っています。" 인간은 누구나 죽는 힘을 가지고 있어요.

아무리 연약해진 암 환자라도 죽을 수 있는 힘을 가지고 있다는, 의미가 깊은 말이지요. 우리 인간은 그냥 죽지 않는다는 것이지요. 뭔가를 남기고 저승으로 갈 수 있다는 겁니다. 암세포는 3억 년 전의 공룡 뼈에서도 발견됩니다. 또 50년 전에 사망한 사람 몸에서 채취한 암세포는 연구용으로 아직도 계속해서 세포분열을 하고 있습니다.

진화도 계발도 정상적으로 해야 할까 봐요. 무리無理가 가면 Miss Copy암세포가 일어나 몸속 Pass Way로 들어가는 것 같아요. 또 그 무리 때문에 스트레스도 받고요. 원치 않는 생명체가 만들어지는 것인가 봐요. 아무도 기억을 못 하겠지만 어머니의 태반 속에서처럼 근본적으로 안정되고, 온화한 상태에서 진화하고 성장하고 계발되어야 할 것 같아요.

어릴 적에 공동묘지에 가기 참 싫었지요. 처녀귀신이 나온다나… 변소에 가면 똥귀신이 나오고… 학교엔 학생 귀신이 있다기에… 혼자 다니기가 참 무서웠답니다. 왜 무서웠는지 모르지만 상상 속의 귀신들은 모두 여자고, 피를 질질 흘리고, 머리카락은 길게 늘어뜨려서 지레 겁을 먹은 것이지요.

그에 비해 서양은 다르네요. 지하에 산다는 늑대족이나 드라큘라족이나 대부분 남자 중심이네요. 귀신 대장인 악마도 남자 같고, 프랑켄슈타인도 남자고, 그리스 · 로마 신화의 대장(?) 신들도 왠지 남자 이름을 더 많이 기억하네요.

그럼, 일본은요? 귀신들은 있긴 한데 우리나라처럼 여자도 많지만 그보다도 괴상망측한, 무섭게 생긴 귀신들이 판을 치지요. 이는 아마도 신도神道라는 일본의 토착종교 때문일 겁니다. 신도에선 인간은 누구나 죽으면 신神이 된답니다. 그래서 그 죽은 자의 영靈을 '호도께佛'라고 부르고 부처님도 같은 한자와 같은 발음으로 부른답니다.

일본에는 약 700만 개의 신사가 있고, 영웅들은 신사神社나 신궁神宮을 지어서 모신다는 겁니다. 또, 일본인들은 우리나라 사람들보다 귀신을 덜 무서워한답니다. 그런 연유로 일본은 일반 민가 주위에 묘지가 많이 있지요. 그리고 괴상망측하게 생긴 귀신들은 전설의 주인공이기도 하고, 액땜 등을 통해 물리치기도 하는 등 무섭지만 함께 공존할 수 있는 귀신이랍니다.

아마도 귀신 문화는 그 나라의 역사를 반영하는 듯합니다. 한 많은 우리나라… 오천 년 역사 동안 내란과 외란을 합쳐 700~800여 번의 전쟁을 치르는 과정에서 아버지, 오빠, 남동생, 아들을 뺏긴 여자들의 한恨이 귀신의 여러 종류로 나타나지 않았나 싶네요. 구미호도 여자고, 뭐 잘나간다 하는 귀신은 대부분 여자랍니다. ㅎㅎㅎ

이러한 쓰라린 우리나라의 역사에 비해서 일본은 전국시대에 전쟁은 있었지만 외세의 침략을 그다지 당하지 않은 나라지요. 오로지 남자들의 욕심과 명예가 미움으로 싹터서 죽고 살기를 반복했을 뿐입니다. 그 못다 이룬 전쟁에 져서 죽은 남자들이 한이 맺혀 들쑥날쑥하니… 남자귀신이 많아진 것 같아요. (오로지~ 나의 지론이지만… ㅋㅋ) 서양 또한 진취적인 사고방식으로 자주 머리뚜껑이 열리고, 골 때리게 많은 전쟁으로 살육이 있어났지요. 영토 따먹기를 위

일본의 신사(神社)

한 전쟁도 있지만, 그보다도 종교사상 전쟁을 많이 했지요. 그래서 귀신이 참 파워풀하답니다. (날아다니고… 불도 뿜고… ㅎㅎ)

왜 느닷없이 귀신 얘기냐고요? 요즘 우리나라 대한민국이 점점 강해져가는 느낌이 듭니다. 동계 올림픽도 그렇고, 원전 수주도 그렇고, 신문을 보면 자동차 산업, 조선 산업, 반도체 산업, IT 산업… 으쌰으쌰 합니다. 너무 좋아요~ 이게 다~ 한국 귀신의 힘이 아닐까 싶네요…. 모두는 아니겠지만…. ㅎㅎ 섬세하고, 엄마 같은, 포용력 있고 근성 있는 여자 귀신들이, 힘으로 밀어붙이고, 큰소리치고…. 욕심만 부리는 서양의 남자 귀신과, 지역 밀착형이며 옆집 아저씨 같은 700만의 일본 귀신보다 훨~ 강해서 그런 것 같아요… 오천 년 역사의 진가가 이제야 발휘되는 것 같아 즐겁습니다. ㅎㅎ

'Think out of Box'해야 합니다.

굶주림을 느껴야 합니다.

성장과 성공에 대하여 끊임없이 굶주려야 합니다.

어디서 많은 들은 듯한 문구입니다. 경영적 Point of View관점로 보면, '기존 틀에서 벗어나 생각하자'가 될 것입니다.

회사를 경영하는 사람으로서나 하나의 사업을 운영하는 분이나 누구나 성장·성공을 하고 싶은 젓은 딩연한네… 언제나 보면 그중에 몇몇 분만 성공합니다. 왜 그런 걸까요? 삼성도 일본에 진출한지 꽤 오래되었으나. 2007년도에 영업부문은 철수했습니다. 요즘은 다시 갤럭시 브랜드로 분투를 하고 있습니다. LG는 그럭저럭 휴대폰으로 살아남으려 하지만… 어쩐지 자리를 잡지 못하는 것 같네요. 현대는 발을 담가버려서 이제는 당분간 빼지도 못할 실정입니다만 참 어렵습니다. 농심은? 내가 있던 과자회사들은? 그 외 한국계 식품회사는? 그저 그렇습니다.

열심히들은 합니다. 엘리트들이 주재원으로 나와있고, 현지 채용인들의 경력도 만만치 않습니다. 일류 회사 출신에 해외 경력도 꽃들입니다. 근데 왜 성장과 성공을 못 해내는 것일까요?

마~ 냥! 'Try…! Let Try…!'이기 때문입니다. 'Try해 보자!'만 가지고는 성공을 못 합니다. 기본은 합니다. 기본은 남만큼 하는 것입니다. 그냥 사는 것입니다. 이는 말만으로 'VISION'이 있다는 것입니다. 'VISION'은 그런 Process로 이루어지는 것은 아닙니다. 그들은 성공의 Secret을 모릅니다. 그냥 똑똑하고 마냥 영리한 척하는 사람들입니다. 겸손의 미덕은 알고 있으나 겸손의 사용방법을 모르며, 감사의 미덕은 이해하지만 그 비밀에는 깜깜합니다. ㅎㅎㅎ 즉, '성장'하지 않으면 남는 것은 'Equal misery^{공평한 궁핍}'뿐입니다. 그들은 그런 경험을 하지 못했고, 간접적으로도 느껴보지도 못했기 때문에 굶주림과 절실함을 모릅니다. 성공에 대한 강한 굶주림이 '옆 동네의 불' 같은 얘기로 들리기 때문입니다. 궁핍을 피부로 못 느끼는 것은 현재의 'BOX틀'에서 벗어나지 못하고 있는 것입니다.

'Think out of Box'해야 합니다. 굶주림을 느껴야 합니다. 성장과 성공에 대하여 끊임없이 굶주려야 합니다.

"'도전'을 계속하는 한 '실패'라는 단어는 존재치 않는다."

저의 일본의 멘토^{전 일본 IBM 사의 동경 본부장} 이후, 이전 회사에서 저의 일본 上司였던 미야료宮領 씨, 2009년 타계함가 새로운 해외사업 기획을 왕성하게 추진해 왔던 저에게 독려해 줬던 말씀이지요.

'의미 있는 도전^{실패}을 격려하는 분위기^{환경}'는 경영자가 만드는 것입니다. 나는 이렇게 믿고 있습니다. 지금까지의 모든 전략과 전술이 결코 내일의 문제에 대한 최상의 해법이 될 수 없다는 것을… 이 냉엄한 마켓에서는 자기가 만든 Box를 계속 빠져나와서 새로운 대비를 해야만 '성장'과 '성공'을 지속적으로 이루어낼 수 있다고….

나름대로 경험을 더 살려서 언젠가 쓰려고 했는데… 최근에 열 받는 업무가 겹쳐서 내친김에 결국 지금 적게 되었답니다. 열 받으면, 뚜껑 열리고, 뚜껑 열리면, 뭔가 하게 된다? ㅎㅎ

일반적인 업무를 하고 있는 평상 업무에서, B to B기업 간 거래 환경에서, Win-Win의 이론적 내용이 실제로 살아 꿈틀대는 것은 가능할까 하고 되물어 보고 싶어요. 통상적으로 평상업무는 반복되는 것이 많고, Routine적인 것이 많을 것인즉, 그런데도 쉽사리 Win-Win이 되는가 말이지요….

제가 하고픈 말은… 평상적인 것, 즉, 현재의 시장은 Red Ocean 경쟁이 심한 시장↔Blue Ocean으로 B to B의 피 터지는 경쟁 환경 속에 있잖아요? 서로가 기존의 마케팅 업무시장조사, 신상품 개발, 가격과 유통 전략, Promotion로써 Win-Win 하기가 쉽지 않다는 것입니다. 누구나 쉽게 매출과 이익을 올리고 실적을 남기고 싶을 것이지요. 이론적으론 많이 들었지만 실질적으로 어떻게 하는 것인지 답답할 것이고…

나의 느낌과 경험: Red Ocean환경에서

기본적으로 'Win-Win'은 'Blue Ocean독창적이거나 시장의 초창기이거나 경쟁이 덜한 독점적 시장'에서나 있을 수 있는 단어랍니다. 다시 말하면, 경쟁자가 아직 생성되지 않은 '창조시장'에서나 잘 통할 것입니다. 일본에서의 Blue Ocean적 새로운 개념의 상품으로는 포켓게임기로서 새로운 시장을 만든 다마고치가 있었으며, 닌텐도 '슈퍼마리오'의 BOX형 게임기가 그러했고, 과거로 더 가면 SONY의 'Walkman'이 처음 발표되었을 때 등을 들 수 있겠죠. Win-Win은 B to B에서도 잘 설명이 되었지요.

또한 새로운 개념의 유통채널로서 Wal-mart, Costco, K-mart, Target 등으로 대표되는 미국의 GMS한국에서는 할인점/대형매장이라고 하지요. 이마트, 롯데마트, 홈플러스가 해당됩니다, Shopping Mall, CVS편의점 등을 들 수 있습니다. 특히 CVS의 세븐일레븐은 미국에서 시작했지만, 일본에서 꽃을 피워 도리어 미국의 세븐일레븐을 역 M&A기업흡수합병해 버린 사례지요. 최근에 새롭게 등장하여 급성장하고 있는 인터넷이나 텔레비전 쇼핑몰e-commerce이 기존의 유통을 위협하고 있는 실정이지요.

성공한 일본식 CVS를 보면 그 위력은 대단하지요. 2010년 기준 일본의 세븐일레븐은 12,000점포, 2등인 로손 8,400점포, 3등인 패밀리마트 7,100점포, 4등 써클케이상크스가 6,200점포… 꾸준히 성장하여 지금은 3강으로 흡수 합병되어 세븐일레븐-로손-페밀리마트로 약 5만 점포가 된답니다. 그래서 CVS만 전체 매출이 약 70조 원을 넘지요.

그다음 새로운 개념의 브랜드로는 SB, PB가 있습니다. 예전엔 각 메이커가 자기 브랜드로 상품을 시장에 내어놓았지만, 새 개념은 틀리지요. 유통회사가 거대화되면서 SBStore Brand: 유럽에서는 이렇게 많이 부르지요, PBPrivate Brand: 일본에서는 이쪽을 씁니다로 유통회사들이 기능 중시, 저렴한 가격, 품질의 안정성을 강조하면서 이 브랜드의 상품들은 연 30% 이상의 급성장을 하고 있답니다. 당연히 각각의 예에 관련된 많은 회사가 함께 성장을 했고, 현재에도 진행 중이지요. 즉, Win-Win이 가능하다는 것입니다.

그러나 일본의 과자 시장에 뛰어든 한국 과자회사의 일본 법인장으로서는 그야말로 과자 시장에서의 'Melting Pot=Red Ocean=피터지는 경쟁 시장'이라고 할 수 있는 곳에서 Win-Win이 가능하느냐를 깊이 생각했었답니다. 억시기! 생각해 본 결과⋯ 저는요~ 'Win-Share'란 개념이 도리어 더 현실적이며 바람직하지 않는가라고 개인적 결론에 귀착했답니다.

기업은, 아니 함께하는 'B to B'든, 'B to C기업 대 소비자 간'든, 어느 쪽이든⋯ 힘거래량, 이익률 등의 강약으로 인한 치우침이 있지요. 최첨단 기술우위인 일본의 과자시장에서의 한국의 과자는 그야말로 약자이기에 나는 과감히 '약자의 전략'을 내세웠으며, 그에 덧붙여서 '게릴라 전략'이라는 것을 연이어 내걸었지요.(여기 'Win-Share'의 단어와 개념 설명은 제가 최초라는 것 아세요? 헤헤헤~)

마케팅 비용도 부족하고, 당연히 광고비가 딸리니⋯ 거래처저희 회사의 창고 및 물류 회사의 트럭을 이용하여 Wrapping Bus버스나 택시의 겉면에 광고를 하는 것 식 Promotion을 해야 하고⋯ 적은 비용으로 홈페이지를 개설해서 무한대로 활용해야 되고⋯ (꽁!!!) '약자의 전략'을 전개하고, '게릴라 전략'을 해내기 위해서는 계속적인 아이디어의 창출과 변혁이 필요하며, 기존의 굳어진 사고와 행동양식을(마음과 몸을 전부) 바꾸어야 하는 것이지요. 앞에 '平常心과 無心의 戰爭⋯그리고 玲瓏'에서 영롱瑛瓏: 레이로우을 설명한 적이 있는데⋯ (문화 1: 將棋 소우기,

일본 장기 계의 두 기사棋士 참조)

그러니 함께Collaboration: 협업, 협력 커야성장 하며, 그 관계 사이B to B 에는 상호 기업 간의 '가시가리'貸し借り: 빌려주고 빌려 받음가 형성되고 '신 뢰라포르, Rapport: 관계, 신뢰, 교감'가 생성되어 살아 꿈틀대는 것이지요. 즉, 회사의 성장 모델에 들어가는 것입니다. 그래서 일정 기간 어느 한쪽이 힘이 붙을 때까지 다른 쪽이 도와주는 '전략적 제휴'를 통한 'Win-Share'가 필요하다는 것이지요. ('상호 相互[貸借가시가리: 빌려 주고 빌려 받음]'를 만드는 것이지요)

추가적으로 필요한 것은 장기적 관점입니다. '전략적'이라 는 단어에는 애초에 뭔가 '장기적'이라는 뜻이 내포되어 있잖아 요. 'B to B'가 서로 본래는 "장기적 신뢰Rapport를 바탕으로 하는 Collaboration을 하자!"라는 개념이라고 했습니다. 그래서 지금은 이익이 많이 안 나니, 당분간 비용이 발생 안 되는 분야에서라도 도 움을 주고받자, 즉 '가시가리'의 관계를 만들자! 그래서 빠른 기간 내에 그 약한 한쪽이 성장 안정권에 들어가면 이제는 반대로 가시 (빌려줬던 거 은혜 갚을게~)가 되지요. 이것이 'Win-Share'라고 저는 믿지요.

자! 그러면 현실적으로 어떤 것이 있을까요?

제가 책임자로 있는 일본법인은 광고비가 부족하여, 우리가 쓰 고 있는 운송회사창고회사 겸함의 트럭약 수십 대 중에 동경 지역을 지나다니는 14대 대상으로에 Wrapping Bus광고를 했었지요. 우리의 VISION은 '약자의 전략'으로 먼저 물류창고와 운송으로 거래처에 업무물동량은 아직 많이 적 답니다를 주고, 버스트럭가 움직이는 것에 대해서는 비용이 발생되지 않으니 광고 Seal을 일정 기간 붙여주는 것이지요. 사실 우리로 보면 염치 불구하고, 그냥 트럭에 붙여달라는 것이기에… '가리빌려 받음'가 만들어져서 심적으로 부담은 된답니다. 때문에 우리 일본법인이 성장을 하면 이 거래처와 계속하여 창고량과 운송량을 늘려줘야 하는 '무언의 관계'가 맺어지는 것입니다.

'Win-Share'

이러한 것을 서로 얘기한 수 있을 정도기 되터닌 최층석으로 양사 경영자 간의 의사소통이 필요합니다. 하지만 특히 처음 거래 시작 단계에서 각 사의 첨병이라고 할 수 있는 영업사원들 차원에서 상호 간에 회사 'VISION'에 대한 확실한 이해와 상대 거래처에 대한 설명, 그리고 납득이 선행되어야 할 것입니다.

성공한 회사 주위에는 이러한 'Win-Share'를 하는 회사가 이전에 많이 있었으며, 지금은 'Win-Share'의 뒷부분인 안정 성장을 누리고 있을 것이지요. 또한 'Win-Share'를 성공시키기 위해서는 꼭 '게릴라 전략'이 함께 이루어져야 한답니다. 왜냐면요~ 오래 'Win-Share'를 하게 되면 부담을 안고 있는 다른 한쪽 회사에서는 눈에 보이지 않는 부담이 늘어나고, 슬슬 본전 찾기로 되돌아올 수 있기에…. 또한 오래 끌게 되면 그 의욕이 식어버려서 효과가 떨어지는 것이지요. 결국은 담당자의 열정이 성공으로 이끄는 것이니까요.

그래서 'Win-Share'를 내세울 때는 스케줄에 따른 시간 약속은 사내든 사외든 꼭 지켜야 한답니다. (Key Word: 지금 나~ 뼈저리게 느낍니다 ㅋㅋㅋ)

영업에는 여러 가지의 Process가 있답니다. 어떤 방법을 쓰든 상대고객, 바이어를 어떻게든 설득해야 하는 것이지요. 물론 경쟁사가 가만히 있지도 않기에… 결국은 Red Ocean이라 그야말로 뺏고 뺏기는 피터지는 마켓 Share시장점유율: 'MS'-Market Share를 놓고 각축을 벌이지요. 적은 영업 부대4~6명를 가진 우리는 한번 물면 놓지 말아야 하는 절박함도 있지만, 한편으로 그 상황을 얼굴에 나타내어도 도움이 안 되고, 얼굴에 나타낸다면 사면초가가 되기 십상이지요. 동기부여까지 떨어지면 악순환의 굴레에 빠져들고, 이렇게 되면 되돌리기가 상당히 어려워진답니다.

영업을 하다 보면 누구나 자기의 개성을 뚜렷이 가지고 있다는 점을 느낍니다. 본인도 그것을 무엇이라고 표현하기 어렵다 하면서도 막상 현장 영업에서는 그 개성을 표현하고 능력을 발휘하지요. 운이 좋아 잘 되기도 하고, 어쩌다 망치기도 하면서 그 나름대로의 딴실딴실한 각각의 에지edge가 만들어진답니다.(마~ 영업 터줏대감이 되어가는 것이지요. ㅎㅎ)

제일 첫 단계의 영업은, 고객사의 이름만 알고 맨땅에 헤딩하며 문을 두드리는 단계입니다. 저는 로고스Logos: 이성, 논리 단계라 부르지요. 즉 회사의 소개카탈로그, 상품 특징, 품질 시스템, 서비스 구축, 판촉활동 내용…를 해서 상대의 안심을 끌어내는 단계랍니다. 이때는 제일 중요한 것이 '메모하는 모습'과 '겸손한 태도'랍니다.(저만의 비밀입니다만…

ㅋㅋ)

두 번째는 인격 구축의 단계지요. 저는 이때를 에토스Ethos: 성격 단계라고 부르고 싶습니다. 상대의 정한 약속을 하나하나 지켜가는 단계랍니다. 견적서를 제출하고, 가격 협상을 하며, 때에 따라선 디스카운트도 해야 합니다. 서류 작업이 많아지는 단계지요. 이 과정에서 신뢰Rapport: 라포르가 만들어진답니다. 이때에 가장 중요한 것은 일본식의 '꼼꼼함'과 '세심한 배려'이지요.

세 번째는 정情 구축의 단계지요. 이 과정을 파토스Pathos: 감정, 정의 情意) 단계라고 말하고 싶네요. 라포르Rapport: 관계, 신뢰, 교감를 구축하는 단계랍니다. 고객과 식사도 하고, 가족 얘기도 하고, 개인적인 취미생활도 교환하면서 교류를 하는 과정이지요. 교감이 생성되는 시기랍니다. 많은 정보력이 필요하고, 그야말로 '소통疏通'이 되어야 하기에 진실함과 명확하게 설명할 수 있는 대담성이 필요하답니다.

예전에 어느 회장님과 함께할 기회가 있어서 제가 여쭈었답니다.

"어떻게 하면 자기 분야에서 성공을 할 수 있습니까?"

회장님 왈曰 "첫째가, 자기 업무에 솔직한 진정성, 둘째가, 그 업무를 해내기 위한 능력과 능력 배양, 셋째가… 셋 중에 가장 중요한데, 하고자 하는 용기가 있으면 된다."

그 회장님 말씀과 비교를 하면, 영업의 첫 번째와 두 번째 과정은 회장님이 말씀하시는 '능력'에 해당되는 것 같습니다. 그리고 세 번째가 가장 중요하지만 '정情의 구축' 즉, '진정성'과 '용기'가 여기에 해당하는 것 같지 않습니까? ㅎㅎ

Marketing Myopia란 '근시안近視眼적인 마케팅'입니다. 만년 적자에서 허덕이던 회사의 법인장 초기였던 2008년도의 제 모습이었답니다. 원시안遠視眼적으로 눈을 뜨고 장기 전략을 진행하기가 어려웠습니다. 물심양면으로 부족한 상황에서 경기에 참여해 맨땅에 헤딩하며 달렸기 때문이었지요.

기업이 잘될 때는 이런 말이 통하지 않지요. Marketing 예산이 주어지고 광고도 적시적소適時適所에 할 수 있으며, Marketing Research도 충분한 시간을 가지고 할 수 있기 때문입니다. 즉 원시안적인 마케팅을 펼칠 수가 있습니다.

문제는 기업이 존폐 위기가 있을 때이지요. 그렇다 해도 마케팅 부문을 없앨 수는 없지 않은가요? 2006년 때엔 일본 IT대기업의 한국책임자COO를 하면서, 그 회사가 한국에 투자한 여러 회사의 경영이사직을 겸직으로 맡았답니다. 어느 하나 튼실튼실한 경영구조를 가지고 있지 않아, 제가 맡은 이후로는 그 기업 재구축을 도맡아 해왔었습니다. 전문용어로 'Restructuring'라고 하는 것을 실제로 했었지요.

기업의 P/L^{손익계산서}와 B/S^{대차대조표}를 보고 문제가 있는 부분의 파악과 운영상의 결함, 잘못된 시스템 등을 분석합니다. 그리고 끊고 폐쇄, 퇴출, 절약, 절감…, 맺는합병, 통합, 제휴, 효율화, 표준화, 단순화… 작업을 하나하나, 차근차근 해나갑니다. 이때는 정말, 진정으로 사명감을 가지고, 공사公私를 구분해서, 사리사욕을 '완죤~히' 없애고, 기도를 하면서 진행해 나갔습니다. 덕택에 담당했던 대부분의 회사가 기사회생했답니다. (야~~~호~~~ㅋㅋㅋ) 대신에 저의 몸은 비실비실해지고… 스트레스로… 만신창이가 되었지만… 그래도 참으로 삶의 보람을 만끽하였답니다.

본사와 지사의 모습은 참 다릅니다. 본사는 덩치가 있어 규모의 경쟁이 됩니다. 이익의 몇 퍼센트만 연구개발이니 미게딩 비용으로써도 금액이 상당하지요. 속도도 충분한 여유를 가질 수 있습니다. 인재가 넉넉하기에 도맡아서 업무를 담당할 사람이 따로 있습니다. 그러나 지사현지법인는 그렇지 못합니다. 본사의 지시나 협조 의뢰에 몇 사람이 이리저리 뛰어야 하고, 번역통역에도 시간이 소요되고, 조율하기에도 서로 'Point of View'살아온 환경이 다르기에 관점도 다르지요가 다르기에 설명과 설득을 하기 위해 많은 시간과 정력이 소비됩니다.

특히 일본은 아시아에서 가장 진보되어 있는 국가로, 이에 따른 고객의 성향이나, 디자인 감각, 또는 클레임의 기준이 참 다릅니다. 이런 상황을 본사의 인원들에게 이해시키기에는 상당한 시간이 걸리며, 본사에서 좀 일본을 안다는 사람을 납득시키기는 더욱 어렵습니다. 차라리 하얀 백지에 그림을 그리는 편이 쉽지, 어설픈 꼬마의 그림을 명작으로 둔갑시키기는 정말 어렵습니다. 지금까지 일하면서 많은 경험을 통해 깨달은 사실입니다. 어설프게 알고 있는 사람에게 구체적으로 설명해서 굳어진 생각을 뒤바꾸는 것이 가장 힘든 일 중 하나입니다.

게다가 대부분의 해외의 현지법인은 기안해서 실행하기까지 고

충이 심하지요. 이것저것 본사와 관여되어 있는 것이 많아 일사천리로 진행되는 것이 없습니다. 디자인 하나도, 표기 하나도, 일본을 모르는 본사의 사람이 (관심을 보이는 것은 감사할 일이지만) 이것저것 부탁하면 그 작은 한마디를 실행하려고 지사현지법인의 많은 인력이 소모됩니다.

여하튼 마케팅의 원시안↔근시안: Marketing Myopia적인 업무 때문에 지금 매출을 올리고 이익을 올려야 할 업무를 방해해서는 안 됩니다. 마케팅의 궁극적인 목표는 영업이 땀 흘리며 밖으로 안 뛰어나가도 쉽게 매출이 일어나게 하고 이익이 나고 수금이 되게 하는 것입니다. 이렇게 볼 때에, 장기적인 Research조사·분석업무보다는 영업의 지원 업무로 마케팅 인원을 돌려야 합니다. 다음은 2008년 당시 저의 실행사항이었지요.

* 물류비용, 특히 창고 비용과 운반비의 비율이 매출에 비하여 너무 높다.
* 각 거래처에 대한 매출 단위와 운반비를 파악해서 거래처별 매출과 이익의 Positioning 표를 작성할 것. 즉, 거래처별 ABC Rank을 알게 해서 매월의 Portfolio 관리를 할 것. (○○월 말까지)
* 3개월 단위로 그 Trend를 추적해서 거래처별 ABC Rank의 변위를 인식한 후, 장기적으로 거래를 할 수 있는 거래처를 선별할 것. (○○-○○월까지)
* 중요한 것은 거래처가 가까이 있고 한 번의 많은 출하량이 지속적으로 진행되는 거래처가 A Rank 고객이라는 것이다. (○○월 실시)

* 거래처 DATA를 확보할 것(○○월말까지)

　초기단계에서는 현재의 거래처 수가 너무 적다는 것입니다. 그래서 어느 고객이든 왕으로만 보이는 것입니다. 거래처 선별이 제대로 되지 못합니다. 하지만 여기서 거래처 DATA가 많으면 Mining데이터 분석을 하여 우량거래처를 뽑아낼 수 있습니다.이는 일본의 각종 유통백서정부간행물센터나, 전시회의 참가자 DATA나, 능률협회, 마케팅 협회 등의 자료를 받아야 합니다.

　* 거래처 DATA Mining데이터 분석의 1-CallCold Call이라고도 하며 거래를 하고픈 하나의 영업사원으로서 전화를 해보는 것입니다 실시할 것. (○○월 한 달간)

　이는 ○○월에 실시한 거래처 DATA를 확보하여 분석하는 것이며 직접 마케팅 담당자를 포함하여 게릴라 전략을 전개하는 것인 만큼, 지사장법인장 이하 전 사원이 실시합니다. 단지, 전화만 거는 것이 아니므로, 전화를 걸 수 있도록 각본을 만들어야 합니다. 상품설명, 판매단위, 경쟁자 상품, 가격대… 그리고 우리 영업사원과 직접 만날 날과 시간의 확정까지 이끌어내어야 합니다. 때에 따라선 카탈로그를 우편 송부해야 하며, 메일로도 보낼 수 있도록 준비해야 합니다.

　* 1-Callcold call에서 일어난 Issue고객과의 On-Ging관리를 매일 실시한다.

Listing되어있는 고객과 Potential Issue로 승격된 고객사와 Hot Issue로 주문이 되어 거래처가 되기 직전의 고객사에 대해 끊임없이 영업활동을 해서 승격이 안 되는 요소를 제거해 나가는 과정입니다.

오늘은 게릴라 전략 중에 근시안적인 마케팅 행위에 대한 실전 내용을 적어보았습니다. 저의 현업과 현재의 많은 벤처기업에 도움이 되었으면 합니다. (2008년 5월 23일에 적었답니다. 이후 계속하여 많이 이루어냈지라~ ㅎㅎ)

일본지사^{현지법인}의 약자의 전략과 게릴라 전략

제가 일본의 지사장^{법인장}을 맡은 지 이제 일 년이 넘어 햇수로는 2년째가 됩니다. 정확하게는 1년 5개월이지만… 아, 2008년 5월 기준으로요~ (오해하면 안 되기에 ㅎㅎ) 지금은 한국과 일본 과자회사의 JV^{Joint Venture: 합자회사} 사장이 되어 한국시장에서 변함없이 빡시게 푸다닥거리고 있답니다.

2000년 초에 약 7년간 저는 아주 방대한 규모의 일본 1부 상장회사에서 유일한 한국국적을 가진 부본부장으로서 부원만 1,800명을 운영하면서 그 회사의 한국 자회사 사장^{COO}을 겸임했었지요… (감사 감사~) M&A^{기업합병}를 하여 매수한 회사를 바로잡아 보기도 했습니다. 그런데 이번^{2007년~2014년}의 제과회사 일본지역 법인장은 처음이라… 내심 여러 재미있는 일들과 배울 것들, 그리고 힘겨운 일들이 있어 더더욱 감사하고 업무에 임하며 오늘을 영위하고 있습니다.

이전^{2007년~2014년}의 과자회사는 한국이나 중국, 러시아, 베트남에 직접 공장을 설립하고, 그 각각의 법인은 독립적 마케팅팀을 운영했습니다. 따라서 그 법인들은 (일본보다는) 풍부한 인적 · 물적 자산을 가지고 회사를 꾸려나갑니다.(크~ 좀 부럽습니다)

그러나 일본법인은 오로지 판매부대만의 조직으로, 공장도 없지만 영업 부대와 물류 부대만 덩그러니, 뻘쭘하게 존재해 왔습니다. 그리고 전임 일본 사장^{일본인으로서 일본의 유명한 유통회사의 임원이었던 분을 영입했}

었지요은 본사나 사원들 간의 커뮤니케이션 문제와 본인의 프라이드 등으로 갈등을 빚어, 제가 인수인계를 받을 당시 일본지사의 조직은 그야말로 약자의 모습이며 쓰러져가는 '부실함' 그 자체였습니다.

일반적인 '약자'의 이미지와는 조금 의미가 다르지만… 우리는 예산도 없고, 지식도 부족하고, 경험도 없어서… 남들이 보면 '쟤네들이 해낼까?' 하는 눈으로 보기 십상이며, 일본에서 전하는 우리들 각각의 경험과 의견을 본사의 폭넓은 경험에 비추어보자면 무시당하는 것이 당연할지도 모릅니다.(말로는 그렇게 하지 않습니다만… ㅎㅎ)

그래도 우리는 정상적인 '약자'입니다. 예산도 부족하고, 인원도 부족하고, 시간도 부족합니다. 어느 때는 지식도 부족해서 서로 서로 책을 사서 읽기도 하고 무리하게 읽히기도 합니다.(ㅎㅎ) 저는 이러한 어설픈 부대를 '게릴라 부대'라고 부릅니다. 좀 듣기엔 그렇지만….

본사 사람들은 듣기 좋은 말! '선택'과 '집중'을 하라고 합니다. 맞습니다! 그래야 합니다. 목표대상이 분산되어서는 공격력도 약하고, 효과가 없습니다. 당연합니다.

상품의 종류를 선택하고, 판매시장을 넓혀서 들어가면 좋겠다고 합니다. 맞습니다! 이길 수 있는 상품을 정하고, 강한 유통 채널을 정해서 해야 합니다. 이 말도 맞지라~

그러나 이렇게 하기엔 사전에 해야만 하는 Process가 참 많습니다. 가령 '초코파이'만 봐도 일본 초코파이 시장의 60%를 롯데의 '초코파이'가 점유하고 있고, 또 25%는 모리나가의 '엔젤파이'가 차지하

고 있습니다. 그들은 설비에 대해서 감가상각일반관리비의 경비부담이 거의

없음을 의미함이 끝나 있기에 언제라도 특가로 싸게 유통에 흘릴 수 있

으며 제품도 거의 완벽합니다.

일본의 과자 시장은 3조 1천억 엔약 30조 원으로 세계 2위의 큰 시

장입니다. 오랜 유통시장에서의 거래관계로 다져진 도매상과 유통

회사의 끈끈하고 돈독한 관계가 화학결합으로 표현하자면 가장 결

합력이 강한 '공유 결합' 고딩 시절 회학 시간에 배웠던 단어ㅎㅎ 같기에 후발자가

비집고 들어갈 틈이 없습니다. 그래서 일을 열심히 하고도 본사의

높은 평가를 못 받지만 OEM주문자 상표에 의한 제품생산하여 PBProvate Brand

로 유통채널에 직접 납품하기도 합니다. 아버지를 아버지라 부르지

못하는 홍길동도 아니고… 버젓이 일본 내 자체 브랜드가 있고 한

국 본사 대기업의 이름도 있는데, 그 이름을 내세우고 팔지를 못하

니 자존심이 많이 상하기도 합니다. 우리 BRAND를 뿌리내려야 하

는데… BRAND는 장기간으로 '자알~' 키워야 하는데…. 그러기 위

해서 본사의 커다란 울타리 속에 있는 마케팅의 거장이라는 사람들

은 말합니다.

"좋은 상품만 우리 브랜드로 팔아야 돼!"

"품질에 자신 없는 것, 디자인에 자신 없는 것은 BRAND를 죽이

는 것이니 하지 마!"

거장들의 말도 맞습니다. 참 지당합니다! 하지만 머리가 핑 돕

니다. ㅋㅋㅋ 간간이 뚜껑 열립니다. 한마디로 답변하고 싶습니다.

"당신께서 직접 해봤습니껴?" 한마디 더 하고 싶어요. "그러면 일본

의 제과 Red Ocean시장에서 팔 게 뭐가 있습니껴?" 한마디 더더! 한

다면….

"그래 가지고 언제 회사처럼 만듭니꺼?"(으헤헤~)

일본에서의 우리는 철저하게 약자입니다. 광고비용도 없습니다. 그래서 홈페이지 운영보다도 블로그, 카페, 클럽 등을 이용해야 하고…. Wrapping Truck[Bus]을 이용할 예산이 부족해서 거래처 트럭을 이용해서 광고를 하려고 계획하고 있습니다.(본사에서 볼 때는 거래처 트럭을 이용하는 것을 부끄럽게 생각할지 모르겠습니다만….) 이 글은 앞서 밝힌 것처럼 2008년 5월 기준입니데이~ ㅎㅎ

약자는 '감사'할 줄 압니다. 굶주림을 알고 처절함을 압니다. 그러기에 성공에 가깝게 있습니다. 우리는 'Try'가 아니고. 'Do. It!' 밖에 없기 때문입니다. 그럼 게릴라는 뭘까요? 목표가 항상 유동적이라는 것입니다. 그러나 우리가 공격을 할 때는 전원 총동원입니다. 우리는 모두가 멀티플레이어라야 합니다. 그래서 늦게까지 뺑뺑이 도는 것입니다. 영업하며 마케팅도 하고, 물류도 하며 상품기획도 하고, 마케팅하며, 광고도 하고, 총무도 하며 가격 전략과 유통전략도 하고…. 나 역시 법인장 하며 화장실 청소도 합니다.(ㅎㅎㅎ) 난리입니다~ 공부도 엄청 해야 합니다. (2008년 5월 기준입니데이~ ㅎㅎ, 지금은 화장실 청소는 업자가 와서 해주지라~ ㅋㅋ)

그러나 우리는 결속력이 참 좋습니다! 참 열심들입니다. 항상 타사보다도 2시간 이상은 늦게 퇴근하고, 휴일도 자진해서 출근합니다.(요즘 한국에서 이렇게 하면 노동조합에 고발당해서 어렵지요) 참 미안한 게릴라 부대원입니다. 하지만 저희 회사는 전략이 있고, 전술이 있고, VISION이 있기에 사내 분위기가 밝았답니다.

어쨌든! 저는 약자의 전략을 철저히 진행했습니다. 그리고 게릴라 전략도…. 미래의 회사모습이 기대됩니다! 그때는 지하철에도, 인터넷에도, 거리에도 우리들의 광고가 보일 것이고, 우리 상품이 일본 생활자들에게 양심 있는 회사, 본받을 회사의 제품으로 알려져 있을 것입니다. 더 이상 예산이 모자라 빌려 쓰는 것보다는 함께 성장하는 양심 있는 거래처가 늘어나 더욱 풍족할 것이고, 게릴라전이 체력 소모전이 아니다 시혜 소보선으로 전환하여 간접효과가 최대치를 발하는 'Beautiful Company'로 성장해 있을 것입니다.

저는 지금 약자의 모습에 감사합니다. 그러기에 지혜가 늘어나는 것 같습니다. 그리고 조직이 조그마하기에 감사합니다. 덕분에 직원들의 역량이 커집니다. 하루하루 직원들의 성장이 보이기에 사는 재미가 있습니다. 조금 지나면 그들에게도 큰 혜택이 함께하기를 기도합니다.

전략 6
황산벌… 한산도 대첩… 어느 한국기업의 일본 소첩(?)

황산벌 전투에선 계백 장군이 충신이며, 한산도 대첩에선 이순신 장군이 영웅이지요. 닮은 점은, 두 장군 다 숫자로나 전세로 보면 적군에 비해서 많이 딸렸다는 점입니다. 즉, 열세이자 약자 전략이며, 게릴라 전략밖에 쓸 수 없는 골 때리는 상황이지요. 이를 시쳇말로 "황당과 당황이 요동친다."라고 설명하면 될란가 모르겠삼 ~(ㅋㅋ) 근데요~ 한쪽은 져서 '죽은 후 충신'이 되고, 한쪽은 '이겨서 영웅'이 되어 우리들 자손 중에 그 이름이 남아있답니다. 어느 쪽이 좋은지는 당근이고, 말밥이지라~

백제의 계백장군은 전장에 나가면서 자기의 아내와 아들딸까지 자기 손으로 죽이고 출군하게 되지요. 즉, 신라 김유신 장군과의 황산벌 전투에서 아예 이길 수 없다고 판단한 것으로 역사서에서 배웠지요. 반면에 이순신 장군에겐 그런 장면은 없고, 『난중일기』에서 그의 침착성을, 장군의 굵직한 마음을 알 수 있지요. 그리고 이기겠다는 의지를 느끼지요. 여기에 하나, 2018년 8월에 제가 '충무공 이순신 장군'에 관한 수필을 써서 조그만 상서울 중구 문화원장상을 받은 적이 있지요. 그 내용을 올립니다.

충무공을 생각하며

작년(2017년)에 작고하신 아버님은 해군사관학교 6기생이며 해군 중령으로 전역하셨다. 오랜 기간 바다와 더불어 사신 분이셨다. 어릴 적 우리 집에는 모형 함정과 여러 종류의 장난감 배가 있었다. 집 어디에나 해군과 바다의 기운이 서려있었다. 그 덕분에 나도 항상 바다를 접해 살았었고, 아들도 그 피를 이어받아 '물개'라는 별명을 얻을 정도로 바다를 좋아했다.

인연이 얽히고설켜 나는 일본에서 살게 되었다. 대학 졸업 후 2년간 한국에서 사회생활을 한 후에, 1988년 올림픽을 시작할 무렵 유학길에 올랐다. 그 나라는 충무공의 적군 후예들이 사는 일본으로, 거의 27년간을 그곳에서 보내게 되었다.

기회만 주어지면 일본에 있는 한국 사회에 도움이 되는 활동을 생각하던 차에 주일 한국대사관의 무관이셨던 최명한 대령(지금은 제독으로 전역하시고 교수님으로 재직 중이지요)을 만나게 되었다. 대한민국 해군 함정이 일본에 입항하면 대사관을 통하여 우리 회사 제품을 먹거리로 제공하기도 하였다. 이 인연이 계속되어, 최 제독님과 나는 두터운 친분을 쌓게 되었다. 우연인지 나와 제독 둘 다 2013년경에 귀국하게 되었다. 제독이 진해에 있는 해군본부에 복무할 때, 해군과의 인연이 다시 살아나 충무공을 생각하는 계기가 되었다.

2015년 5월 말경에, 최 제독이 진해 해군본부로 나를 초대해주셨다. 역사책에서, 그리고 영화에서 본 충무공의 숨결을, 그분의 피땀으로 만든 실물 크기의 거북선을 진해 바다에서 직접 타 보게 되었다. 또한 충무공의 후예들이 활약하고 있는 대한민국의 최신예 전투함인 전북함에 승선해 보니 임진왜란 때 충무공의 결연한 의지를 잠시나마 느낄 수 있었다.

지휘관도 병력도 준비가 덜된 조선 해군과 만반의 태세로 위협해 오는 왜군, 조선 조정과의 알력과 음해로 사면초가였던 충무공은 혈혈단신 다시 일어났었다. 충무공의 뛰어난 리더십으로 수군 통제부는 한 몸이 되어 계획한대로 정비되고 잘 훈련되었다. 왜군을 몇 번이고 무찌를 수 있었다.

"충무공은 어떻게 그렇게 해낼 수 있었을까?" 하고 단순한 질문을 하고 싶었다. 강직하고 우직하며 밀어붙여서는 안 될 일인데 충무공은 해냈다. 그것도 몇 번이나. 빈약한 장비와 물자로 당시 최고의 전력을 자랑하던 일본 수군을 조선 바다에서 두 번 다시 돌아다니지 못하도록 한 작전을 알고 싶었다.

비즈니스를 하는 나에게는 제일 먼저 떠오르는 단어가 '충성심'이지만, 그보다는 '처절함' 그리고 '절실함'이 아닐까 추정해본다. 일본 땅에서 한국 제품을 널리 알리고 판매에 성공하기 위해서는 무엇이 필요할까, 몇 번이고 자신에게 물어본 적이 있었다. 물론, 회사에 대한 애사심도 중요하고 주인의식도 필요하다. 무엇보다도 성공이라는 결과를 만들어내는 원동력은 성공에 대한 끊임없는 갈망과 꼭 해내고야 말겠다는 절실하고 처절한 동기가 있었기 때문이다.

충무공의 『난중일기』나 그가 남긴 글을 보면, 그가 왜군을 꼭 무찌르고 조선 바다를 지켜야겠다는 결연한 의지를 '깊은 시름'이라는 단어 속에서 찾을 수가 있었다. 또한, 군을 한마음 한뜻으로 모으기 위하여 진정으로 아끼는 부하의 실수조차도 용납지 않았다. 일벌백계로 다스렸던 충무공의 의지는 굳건했으며 승리에 대한 절심함 그 자체였다. 오늘 충무공을 생각하며, 이 글은 쓰고 있는 나의 마음을 담았다.

창밖에는 봄비가 추적추적 내리고

텅 빈 사무실에 혼자 앉아 깊은 시름 빠졌는데

마음속 어디에선가 절실함이 솟구치네

(충무공이 쓴 시조의 운율에 맞춰 저도 적어 봤습니다)

이상 수필 끝.

여기서 중요한 것을 배웁니다. 진다고 생각하는 전쟁은 결국 집니다. 반대로 이긴다고 마음먹고 임하는 전쟁은 이길 수 있고 질 수도 있습니다. 그럼… 꼭 이기는 전쟁은 뭘까~요???

정답! 참가하는 '모든 사람'이 이긴다고 확실히 믿고 전장에 나가는 전쟁입니다. 성경에서도 열세劣勢의 전쟁이 많이 등장합니다. 그리고 그들 중 '골에 쥐 내리는 황당+당황의 전쟁'을 승리로 이루어 낸 경우가 상당히 많습니다. 우리말로 대첩이지요. 권율 장군의 행주대첩, 강감찬 장군의 살수대첩…(씨~ 열심히 외웠었는데… ㅋㄷㅋㄷ) 그리고 성경에서 모세가 이집트를 나올 때(「출애굽기」에서) 홍해를 갈라서 이집트 군을 몰살시킨 것이나, 여호수아의 여리고성 함락 등이 다 닮았습니다. (그~참~)

즉 '숫자의 많고 적음'은 전혀 관계없다는 것입니다. 성경에서는 사울의 아들 요나단이 이끄는 이스라엘 군이 블레셋 군과 싸웁니다. 이스라엘은 고작 600명인데 블레셋군은 병거만 3만에, 기마병이 6천에, 백성은 모래알처럼…. (헤헤~) 아마도 당사자들은 상당히 똥집이 꽉 막힘을 느꼈을 거예요. 그래도 이기는디요?(ㅋㅋㅋ 재미있다. 이순신 장군과 참~ 닮았당~) 꼬옥 이긴다고 믿고 전장에 나간다. 진다고 상상조차 하지 않는다. 승리에 대한 완죤~한 신념이

있기에 이기뿐기라~~~(ㅎㅎ)

제가 운영하고 있는 일본지사 인원을 줄이랍니다. "못 줄이요 ~~ ㅎㅎ" 하고 버텼드만은 이제는 '인원 동결~~'이라고, 그리고 '사무소 병합~~'이라고 또 콱! 쪼읍니다.(ㅋㄷㅋㄷ)

제 사고방식에 '숫자의 많고 적음'은 관계없삼~. 그래서 지금의 저의 머리에는 '꼬옥 성공해 보이리라~'만 존재하고, 그리고 푸다닥거리며 오늘도 앵벌이, 맨땅에 헤딩하고 있답니다.(결국, 2015년부터 나는 일본과 한국 과자회사의 Joint Venture 회사의 대표로서 서울에서 근무하고 있습니다)

2010년은 우리나라도 그랬지만 일본 축구 대표팀이 원정 월드컵 16강에 진출해서 일본 열도가 무척 뜨겁게 달궈졌답니다. 일본 축구 팬들에게는 껌뻑 넘어가는 쾌거였지요. '사무라이 Blue'일본 국가대표 선수들을 그들은 이렇게 부릅니다가 살판났지요. 설과야~ 저랑은 크게 상관은 없습니다만… 우리 과자 디자인을 월드컵 때에 맞춰 바꿨는데 아다리当り! 됐으면 하는 바람 한 가지뿐입니다.

그리고 한마디 하고 싶은 것은 있답니다. 당시 일본 국가대표팀 감독으로 '오카다岡田'라는 분이 있습니다. 고집으로는 골 때리는 굳건한 사람인데… 그의 엽기적인 과거, 일본 대표 시절 이전부터의 행동이 있어서, 일본에서는 '오카짱~'이라는 애칭도 있답니다. 와세다대학 선배이기도 하지만 학과는 저의 상학부와는 달라서 그는 정경학부 출신이랍니다.

근데요~ 지금 오카다 감독이 이끄는 일본 축구 대표팀의 전략이 있답니다. 바로 '접근, 전개, 연속'이지요. 일본에서 마케팅이나 스포츠 전략 등을 쪼께 건드린 적이 있다면 이 전략은 어디서든지 많이 들어본 단어가 되지요.

과거에는 일본의 대학 럭비의 대명사이며 라이벌은 전통의 '와세다 vs 게이오'보다는 '와세다와 메이지 戰'이었답니다. 요즘도 대학 럭비 경기에서는 꽤 유명하지요. 그 외 대학 간의 스포츠는 와세다대학早稲田과 게이오대학慶應의 소케이센早慶戰이 한국의 연고전延高

와세다대학과 게이오대학의 소케이센(早慶戰)

戰처럼 유명하고 대단하지요.

저도 와세다 대학원 재학 시절에 와세다가 럭비와 야구에서 우승하는 바람에 참 즐거운 추억이 있답니다. 와세다 대학이 우승만 하면 타카다노바바高田馬場역에서 와세다早稲田대학까지 줄지어 있는 점포에서 와세다 학생증을 보여주면 공짜 아니면 할인 가격으로 '먹고 마시고'가 되었지요. 밤새 마시고 다음 날 학교에 가니 교수님도 와세다 출신이라 술을 퍼 드시고(?) 수업 진행이 안 되었지라~~~ ㅋㅋㅋ

근데요… 럭비에선요… 과거 와세다 대학의 유명한 감독인 나카니시中西 감독과 메이지明治 대학의 기타지마北島 감독이 각각의 특유한 전략을 구사한 덕택에 양 대학이 강해졌고, 그 결과 양 대학이 번

갈아가면서 우승을 했었지요. 와세다·메이지의 황금 시절이었답니다.

메이지의 기타지마 감독은 덩치 큰 선수들을 더욱 근육형으로 튼튼하게 키우고, 강하게 단련시켜서 그의 강한 탱크같이 단순한 전략인 '맛수구 마에에まっすぐ前へ:곧바로 앞으로'로 최고의 팀을 만들어 내었답니다. 강한 메이지였지요. 그는 67년간 감독을 하며 2000년 사망하기 진까지 감독의 시휘봉을 놓지 않았답니다. 그리고 그가 사망하고 난 후의 메이지는 희한하게도 8년간이나 우승을 못 했지요. 근데 새로운 젊은 감독이 등장하면서 "후다다비 마에에再び前へ:또다시 앞으로"를 재창하고 강한 메이지로 부활시켰답니다. 끙! 자슥~ 열 받게 와세다 졸업생으로서… ㅋ)

그러나… 상대적으로 비교적 덩치가 작고 약하게 보이는 선수를 가진 와세다의 나카니시 감독은 도리어 민첩함, 그리고 교묘함을 더욱 살려서 그 유명한 '전개, 접근, 연속'의 전략을 만들어 내었지요. 그는 그 후, 일본 럭비 대표팀의 감독이 되어 일본럭비를, 당시 명실공히 세계 1위이며 억수로 무진장 강한 검은 유니폼의 뉴질랜드 대표팀All Blacks과 원정 경기로 이김으로써 그의 이름을 일본의 스포츠 역사에 올리게 되었답니다.

덩치가 유럽 선수에 비하여 작으나 오기 있고, 발 빠르고, 민첩한 동양인인 일본 선수의 장점을 극대화하여 당대의 세계 1위로 만들게 된 것이지요. 그래서 그의 '전개, 접근, 연속' 전략이 '약자의 전략'으로서 전 세계의 마케팅 및 실전 경쟁의 전략으로 널리 쓰이게 되었지요.

근데요… 그 전략을 당시의 일본 축구 대표팀의 오카다 감독이 다시 가져오게 되었답니다. 글자의 순서가 틀리지만요. '접근, 전개, 연속'으로 앞의 두 단어의 순서가 바뀌었지요. 중요한 것은 제가 일본 법인장으로서 이 전략을 쓰고 있다는 겁니다.

첫째는 철저한 '소자小者의 전략'입니다. 헝그리배고픔 정신, 성공에 대한 갈망이지요.(약자의 전략이라 쓰고 싶은데, 너무 많이 써왔기에 식상할 것 같아서리…) 둘째는 똘똘한 '게릴라 전략'이지요. 오기가 넘치며, VISION이 있고, 전원 공격, 전원 수비가 되는 전천후 전략이랍니다.

여기서 셋째가 문젭니다. 첫째·둘째는 대충 말로 때울 수 있는데… 셋째까지 말로 때우면 사기라고 카데요~ 그래서 셋째가 역시기 중요한 거라 예~~~ 이 셋째가 뭔고 하면 바로 '전개, 접근, 연속'입니데이~~~ 이거 부연 설명하몬 저의 일본 시장 잠입 전략이 들통나서리… 여기서 입에 재갈 물리겠삼~~~(ㅎㅎㅎ)

지금부터 약 10여 년 전, 2008년 2월 말엔⋯ "일본시장에 일본지사법인의 자리가 있는가?"에 답변을 못 찾았답니다. 끙~ 끙~거렸던 기억이 있습니다. ㅎㅎ 어느 회장님이 일본지사를 방문하셔서 준비한 PT프레젠테이션: Presentation를 경청하신 후, 우리 직원 모두를 대상으로 질문을 하셨답니다.

일본엔 기라성 같은 과자회사가 시장을 꽉 쥐고 있습니다. 당분간 부동의 1위인 메이지제과와 2등을 달리고 있는 롯데, 3, 4위를 걸고 피터지게 싸우는 에자키글리코glico와 모리나가森永, 그 뒤에 Calbee, 브루봉, 그리고 가메다, 후지야, 이무라야⋯ 그리고 뛰어난 여사장의 수완으로 급 회복성장을 하고 있는 캐드버리재팬사외국계회사이며 껌으로 유명하지요가 15위를 달리고 있고, 그 당시 몸담았던 회사와 한때 Double Brand로 판매협력을 하고 있는 후루타제과는 25위⋯. 1위의 메이지 제과의 연매출은 약 3000억 엔약 3조 원이나 된답니다. 25위

朴 景夏氏

㈱オリオン日本支社社長

インタビュア 益山 明

일본 유일의 과자잡지 'Food News'사의 마스야마 사장과의 인터뷰

의 후루타는 140억 엔1400억 원 상당으로 잘 해나가고 있답니다. 일본 과자시장 전체의 시장규모는 3조 1000억 엔약 30조 원에 달하나 현재 는 정체된 분위기지요.

근데 이렇게 불티/피티 나는 Red Ocean에 뛰어든 한국발 일본 지사의 자리가 있느냐고 회장님이 물으신 거지요. 그때는 전원 한 목소리로 "최선을 다하고 좋은 결과를 꼭 보이겠습니다."라고 대답 할 수밖에 없었답니다. 물론, 열심히 전략을 연구하고 멋지게 자료 를 만들어 설명드린 후의 질문이시기에⋯. 이후 회장님은 "시장에 서 자리 찾기 4가지"를 말씀하셨답니다. 어찌 보면 당연하지만 당 연 속에 진실과 지혜가 숨어 있다고 믿기에 그 내용을 하나하나 메 워 나갈 계획을 세우고 진행하였지요. "아쟈! 아쟈!" 카믄서⋯ㅎㅎ

자~ 당연한 말씀입니다만⋯ ^^

첫째가 '제품력'입니다.

둘째가 '자금력'입니다.

셋째가 '영업력'입니다.

넷째가 '조직력'입니다.

어느 정도 답이 많이 메워졌기에 이 글을 올리게 되었네요. 물 론, 입에 재갈 물려야 하기에 회사기밀은 빼구요. ㅎㅎㅎ 지금은 더 더욱 많이 변해 있겠지만⋯ 내가 빠지고 5년 지난 2019년 지금은 어 떻게 되었을까요? 무척 궁금합니다.

* 제품력(2008년 8월 시점이 되겠지요)

가장 중요한 것은 회사의 품질이 세계수준까지 도달했다는 겁니다. 비근한 예로, 일본의 CVS편의점에서 Claim클레임: 고객 불만 건수로 판단해 보아도 저희 납품상품인 초코파이, 카스타드, 티라미스, 초코 후레이키의 품질은 최고 수준을 유지하고 있답니다. 두 번째로 중요한 것은 제품의 차별화와 맛입니다. 이는 CLTCentral Location Test와 FGIFocus Group Interview라는 Research조사와 분석를 통해 입증했답니다. 근데, 왜 시장에서는 맥을 못 추는 걸까요? ㅎㅎ

* 자금력

좋은 상품이라는 것을 알려야 합니다. 그리고 점포에 진열되기 위해서는 여러 가지 점입店入: 입점비용이 발생되지요. 어느 회사나 초기의 해외지사는 그 정도의 충분한 자금력을 가지고 있지 않답니다. 그러기에 '약자의 전략'으로 경비를 최소화하며 효과를 최대한 올리는 '캐드버리 재팬사'의 사장, 그리고 호삐Hoppy: 일본의 식품/음료/주조회사로 '미나'라는 예명을 사용한 여성 부사장이 경영에 참가하여 '약자의 전략'으로 적자의 구렁텅이에서 탈출한 회사로 유명함사가 구사했던 Wrapping TruckBus 광고와 고객사와의 협업으로 Samplingmannequin, 마네킹: 매대 진열 등을 도와주면서 매출증진에 기여하는 직원 및 행위을 해서 자금력을 메울 것입니다.

* 영업력

사람싸움인간성(전략 3: 일본 영업의 진수에서 설명했지라~ ㅋㅋ)이지요. 사람은 말로 개혁이 된답니다. 물론, 시간이 무척 걸리며, 끈기가 필요하지요. 정성을 다하고 사랑으로 접하며, 꾸준하게 사원들의 동기부여와 게릴라전을 성공으로 이끌기 위한 방향 설정과 리더십이 필요하겠지요. 저의 역할이랍니다. 리더는 매력이 있어야 하며, 자기 업무를 재미있게 여길 줄 아는 지혜가 있어야 하며, 사원들의 모범이 되어야 하며, 벌을 줄 때나, 상을 줄 때나 사랑을 가지고 대하는 것이 중요하지요. 에고~ 내 일이야~ '사는 보람'이 여기에 있답니다. ㅎㅎ

* 조직력

살아있는 조직유기체 조직: 생활기능을 가진 조직을 유지하기란 참으로 지혜가 필요합니다. 각자 맡은 바 임무에 충실하며 회사의 목적을 위하여 합심 단결하는 똘똘하고 지혜로운 조직이 되려면 역시 리더가 잘해야 하지요.

　매년 적자였던 스칸디나비아 항공사를 흑자로 이끈 얀 칼존Jan Carl-zon의 역 피라미드 조직운영으로 MOTMoments of Truth: 진실의 순간가 발휘되고, 혼다자동차를 급성장시킨 '오딧세이'라는 새로운 차종을 개발해 낸 아메바 조직, 각 부서 간의 원활한 정보교환과 업무협조를 위한 매트릭스 조직 등이 있지만⋯ 결국은 그 조직원들의 마음이 바뀌지 않으면 의미가 없는 것이지요. 이 또한 "내 일이야~"랍니다. ㅎㅎ

하나하나의 내용은 공개가 가능한 시점에서 또 알려드릴께요. 2019년 이후에나요~ ㅎㅎ

요즘은 지구 온난화가 심각히 드러납니다. 이쪽은 태풍(전 세계적으로 타이푼, 허리케인, 윌리윌리가 더욱 강해지는 추세랍니다)과 토네이도가 몰아치고, 저쪽엔 가뭄에 뙤약볕이 내리쬐고, 또 저 옆에선 집중호우로 범람하고, 이쪽 넢에선 지진과 해일쓰나미이 덮쳐오지요. 헤에~?? 성경에선 일련의 현상을…말세의 징조라 부른답니다. 아시겠지만….

아무튼, 일본 법인장을 하면서 두 가지 개념적인 단어를 당분간의 마케팅 전략에서 사용하고 있답니다. 하나는, '약자의 전략'이며 다른 하나는 '게릴라 전략'이지요. 이전에 여러 가지 마케팅 전략에 대하여 '와세다와 메이지의 전략'과 '황산벌 한산도 대첩'을 통해 설명을 했지요. 그곳에서 약간 설명을 한 것이 있기에 이번엔 게릴라 전략2으로서 추가 설명을 하고자 합니다.

서두에 쓴 집중호우를 어떤 사람은 '게릴라성 뇌우雷雨'라고도 부르지요. 왜냐하면, 어느 일정 지역에 국한해서… 아주 세차게… 그리고 짧은 시간에 퍼붓기 때문이죠. 그리고 그 피해는 산간지역보다 도시에서 더욱 심하지요.

'일본은 치수시설이 잘되어 있는데 왜 피해가 심하지?' 하고 궁금해하는 분들이 있습니다. 기본적으로 치수시설은 장마와 같은 꾸준한 비나, 태풍과 같은 예측이 가능한 것에 대하여 설비가 갖추어져 있는 것이지요. 그러기에 일본은 예측 가능한 재난은 방재설비가 잘되어 있답니다. 지난 중국의 사천성 지진과 1개월쯤 후의 일본의 동북지역 지진의 피해를 비교하면 극단적으로 일본의 피해가 적은 것도 그렇지요. 둘 다 지진 측정값인 매그니튜도度 7.5 정도 되는데 준비되어 있는 것과 안 되어 있는 것의 차이겠지요….

근데, 이런 게릴라성 뇌우에겐 일본도 꼼짝없이 당하게 되는 것이랍니다. 도통~ 게릴라적이라 예측이 안 되고 단발성이기에 나~ 참~ 하면서 당하지요…. 鉄砲水뎃뽀미즈: 철포, 총포의 물이라는 의미로 집중호우로 생긴 물이 치수작업이 완비된 하천으로 모여들어 총알처럼 밀어닥쳐 빠져나가는 현상로 인해서 동경東京과 고베神戶 등 도심의 하천을 중심으로 해마다 몇 명의 사망자가 발생한답니다. 그래서 이제는 기상예보자들이 이렇게 주의를 주지요. "날씨가 갑자기 컴컴해지고 비가 쏟아질 듯하면 주의를 하고, 하천 놀이를 하고 있다면 안전한 곳으로 미리 대피를 하십시오."라고….

그만큼 '게릴라성 뇌우'는 무섭답니다. 그들 게릴라의 특성은 단적으로 표현하면 이렇습니다.

첫째가 "어느 일정 지역에 국한해서…" ⇨ 협狹: 좁을 협
둘째가 "짧은 시간에…" ⇨ 급急: 급할 급
셋째가 "아주 세차게…" ⇨ 강强: 굳셀 강

그래서 방어하기가 어렵다는 것입니다.

나의 게릴라 전략이 마케팅 4P에 따라서 이와 같은 狹/急/强을 가지고 있는가를 판단하고 수정 진행해야 하는 것이랍니다. 우선,

일본에서의 4P에 맞추어 간단히(많이 적으면, 전략을 다 보이게 되기에… 이해해 주삼~ 재갈은 물려야 하니까요~) 적어봅니다.

그 당시 회사(한국본사 포함해서)가 전체 생산 가능한 상품 수는 약 300여 종이 있지요. 그중에 늘 고객들에게 보여지고 판매되고 있는 것은 약 80여 종이 됩니다. 그러나 일본에서 팔리는 것은 종류로 보면 7~8종류뿐이랍니다. '선택과 집중'을 해서 전력의 낭비를 줄이기 위해서 일본에서의 7~8종류 론칭Launching: 시장도입도 많다는 사람도 있지만… 사실 어느 상품이 일본에서 강하게 먹힐지 확인하는 시기, 즉 최소한의 상품으로 '狹/急/强' 전략 실행 시 가능성이 있어 보이는 것의 자리매김을 하고자 하는 인큐베이션Incubation: 아직도 면역력이 약해서 호~호~ 불러 키워야 하는 시기이 필요한 것이랍니다.

이렇게 해서, 우선 관동지역동경이 있는 쪽의 GMS대형 양판점/할인점, SM슈퍼마켓에는 NBNational Brand로, 까다롭기로 소문난 CVS편의점는 매출과 생존자가발전용을 위한 PBPrivate Brand로 판매진입하고 있답니다. 우쉬! ㅎㅎ

또한, 초기 진입에 있어서는 일정기간을 정해서 각종 이벤트, 즉 공항의 Cart짐을 끌고 다니게 준비된 카트의 앞면에 광고, Wrapping Car, 도매상 주최의 전시회, 10000명 이상 기업의 Intranet, SamplingMannequin: 시식 코너 같은 당연한 것은 빼고…나, Home Page데뷔 완료를 실시하고자 계획을 잡아놓고 실행했더랍니다.

이상에 협狹 급急 강强의 모든 것은 아니지만… 그 이후로도 새로운 지혜를 더욱 합쳐서 진행했답니다.

자주는 있는 일은 아닙니다만 오랜만에 접대성 골프를 쳤답니다. 어제… 일본에서 이번 여름 최고로 더운 날… 그리고… 저녁은 일본식 뎃빠야끼철판구이와 '2차 회의실'인 술 접대로…. 그래서 아직도 맹~~~~~~ 합니다. 삭신이 쑤십니다. 못 치는 골프를 친답시고 장작 패듯이 땅 파고 다녔으니… ㅋㅋㅋ

상대는 저보다 젊은 고객사의 본부장이기에 무척 잘 먹고 잘 마시고… 견디더라구요. ㅎㅎ 저는 쪼그라든 파김치가 되었지만, 우짜든 동경 아카사카의 밤… 과거 팀장시절에 아카사카 밤의 화류계 시절의 별명인 '경사마〈겨울연가〉가 일본열도를 때리면서 배우 배용준의 '욘사마'와 더불어 얻은 저의 새로운 별명ㅎㅎ'로 끝장냈지라~요! 물론 법인장 당시는 거의 화류계를 은퇴하고 있었지요. 젊은 아~ 들이 하~도 설치사서리… ㅋㅋ

접대골프… 아~~~ 접대골프~~~~~ ㅋㄷㅋㄷ 전반부는 그간 연습한 실력을 테스트할 겸 내가 너무 정신을 바짝 차려서 글쎄 고객보다 10개 이상을 더 잘 쳐버렸답니다.(접대는 이라몬 안되는데… 카믄서…) 하여튼 함께 치는 타사의 한국주재원들도 눈치 없게 잘 쳐요~ ㅎㅎ

근데… 헤매는 고객사 본부장이 삐쳐서, 애꿎게도 다른 한국계 타사의 만만한 허 전무를 괴롭히는 겁니다. 그래서 후반부는 그 허 전무와 제가 한 팀이 되고, 그 소심한 본부장과는 우리 측에서 제일

잘 치는 또 다른 한국계 타사의 이 본부장과 한 팀이 되게 해서 엄청 져주었지요. ㅋㅋㅋ

덕분에 모든 페널티는 우리허 전무와 저가 다 짊어지게 되었지만… 결국은 저녁식사는 허 전무가 계산을 하고, 2차 술은 제가 계산을 하게 되고… 우리 모두는 새벽바람을 가르며 귀가를 해서리… 저는 요~ 다음 날 9시 회의가 있어서리 샤워만 하고 출근했더랍니다. 만 세!!!!! ㅓㄱ

그 옛날 일본에서의 학창시절, 마케팅에 포옥~ 빠진 대학원 시 절… 우노宇野正雄 : 와세다대학 지도교수 교수님이 "사회에 나가서 성공하 려면…" 하시면서 "STP Markting과 GDE Marketing을 밸런스Balance 잘 맞추어서 그때그때 운영을 적확하게 잘해야 한다."고 하셨던 말 씀이 넘 생생하게 기억납니다.

STP는 잘 아시는 것처럼 Strategy전략, Tactic전술, Positioning포 지셔닝이지요. 그럼 GDE는 뭘까요? 우히히히~~~ Golf, Dinner, Entertainment접대 랍니다.

아직 술이 덜 깬 저는 멍~~~~ 맹~~~하면서 한글 적고 있습 니다. ㅋㄷㅋㄷ

2006년 12월 6일은 일본지사에 첫 출근한 날이랍니다. 그전엔 일본인이 사장을 하였는데 정말 반대를 위한 반대를 하는 사람이었지요. 그의 성품(?) 덕택에 사람도 얼마 안 되는 사내 분위기는 암울 그 자체였던 것으로 기억합니다.

이후 2007년 1년간 많은 개혁을 했더랍니다. 말씨 바로잡기^{부정}^{적인 용어 근절}, 지혜 없는 지식/원칙 없는 의견/신념 없는 본능은 단지 이기적 소산으로 간주해서 척결, 상품력/마케팅력/기획력 보강… 등으로 허걱허걱 했더랍니다. 참 바꾸기 어려웠답니다.

2년 차인 2008년은 새싹이 나는 시기였지요. 기존 인원^{3명}과 신입사원^{3명}, 중도채용^{2명}에서 그만둔 사원 1명을 빼고 저를 포함해 8명이서 처음으로 단독회계로 첫 이익을 내었지요.

3년 차인 2009년엔 좀 더 안정이 된 것 같습니다. 본사 연결회계에서도 이익이 났었답니다. 사무실은 넓어졌지만 상품 수는 더 줄고, 인원은 7명으로 1명이 줄었지만 매출은 작년 동기보다 거의 두 배나 늘어났지요.

결국은, 사원의 마음에 따라 매출이든 이익이든 변한다는 것을 증명한 것이지요. 이제 조금 자신이 생겼답니다. 그래서 이렇게 다시 꿈을 그려보았답니다.

하나, 농후하게 일하자. 8시간이 12시간인 것처럼 열심히 일하

자. 1인 2역 하자.(부지런한 아침형 인간이 되는 것이지요. 참~

2019년 지금도 변함없는 버릇이랍니다. ㅎㅎ)

하나, 일본 신입사원을 공채로 뽑을 수 있는 복리후생 좋은 회사
로 만들자.

하나, 선진국에서도 우리 공장을 짓자. 공장을 운영하며 규모의
경영을 하고 싶다.

히니, 일본 대형 유통회사로부터 낭낭히 대우를 받고 싶다.

하나, 선진국에서도 상장사가 되고 싶다… 당당히….

하나, 과자만으로도 식사가 되는 맛있는 과자로 세상에서 인정
받고 싶다… 앙~

우리 직원들에게 누차 얘기하는 저의 발언입니다. 꼬옥 되겠지요.
얼마나 빨리 달성할는지는 우리 믿음에 달렸답니다. 안 그렁교? ㅎ
ㅎㅎ

2010년 1월 4일은 새해의 첫 출근이라 여느 때보다 일찍 출근했더랍니다. 우쉬! 일본의 기업들이 하는 것처럼 시무식을 하고 싶어서… ㅎㅎ 또한 뭔가 마음에 오래 남는 글을 준비하기 위해서였답니다.

전날 저녁에 일본의 경제인에게 꽤 유명한 TV프로그램인 '캄브리아 궁전カンブリア宮殿'의 작년 1년간 총괄편을 보면서 각 회사 사장님들의 신년 메시지를 보았답니다. 어떻게나 좋은 말이나 글들이 있으면 훔쳐가꼬훔쳐서 그리고 저의 글의 적당한 장소에 써먹을라꼬… ㅋㅋ

그중에 일본 1위의 건설회사인 '시미즈겐세쯔清水建設'의 사장님이 "썩지 마라腐らないで"라고 말하며 방대한 조직의 청결성을 요구하는 것이 유독 마음에 와닿았답니다. 또, 사무와 문구용품 업계에서 부동의 1위회사인 '고구요KOKUYO'의 사장님은 '아이디어 창출'을 사원들에게 부탁하며 앞으로의 어려운 시장에서 살아남을 원동력이라고 주장하는 걸 보았답니다.

언젠가… 우리나라에서 TV를 보는데 자기 회사 사장님에게서 가장 듣기 싫은 말이 무엇인지 조사한 결과를 본 적이 있습니다. 최악에서 두 번째가 "올해 1년만 더 고생하자!"라네요…. 헤~ 당당하게 1위는요~ "우리 회사는 사원들 여러분의 회사예요~"랍니다. 충분히 납득! 납득!이 되데요… ㅋㅋㅋ

오늘 저희 일본지사의 시무식에서 사원의 올해 소원을 한 명씩 물어보았답니다.

"업무를 잘 보기 위해서 일 년 내내 건강했으면 합니다."

"경력으로 입사해서 3년이 지났는데 다시 초심으로 일하겠습니다."

"즐겁게 일할 수 있도록 마음가짐을 가지도록 하겠습니다."

"마냥 일하는 것이 아니라, 의미를 느끼며 깊이를 더해서 일하겠습니다."

"가족에게도 좋은 서비스를 할 수 있는 좋은 아빠 사회인이 되겠습니다."

"떨어져 있는 가족의 건강과 행복을 더욱 깊이 고려하며 일하였으면 합니다."

이상과 같이 마음가짐을 들었습니다. 이런 새해의 말 중에 해외에서 함께 살고 있는 가족/친척에게 그간 많은 사랑을 못 쏟아부어서 미안해하는 이들의 부성애를 특히 많이 느꼈고, "일인 2~3인 역할을 하자며 너무 일을 많이 시켰나?"며 반성도 했답니다. 저는 올해의 마음가짐, 일종의 목표를 이렇게 정했답니다.

"나의 숨어있는 약점을 찾아서 보완하는 1년으로 하자"

"아직 모르고 있는 나의 능력을 찾는 1년이 되도록 하자"

서로 일맥상통하는 말이지요. 약점을 보완하면 숨어있는 능력이 나올 것 같지 않습니까요? 헤헤헤~ 그리고 일본지사의 '2010년 좌우명'으로선 공자 말씀을 훔쳐와서리⋯ '수신제가치국평천하'를 응용해서⋯'修身 齊社 治日本 平天下'를 발표했답니다. ㅎㅎ

즉, 설레바리를 풀면⋯ 제일 먼저 해야 할 것은 수신修身: 닦을 수, 몸 신, 즉 자기 자신을 잘 다듬고, 능력을 배양하고, 둘째는 제사齊社: 엄숙할 제, 모일 사, 즉 회사에서 각각의 담당자가 주어진 책무責務에 맞는 바른 실천을 하면, 셋째로 치일본治: 다스릴 치, 일본國, 즉 이 어려운 선진국 일본 땅에서 당시 제가 담당했던 한국회사의 일본 브랜드를 뿌리 깊숙이 심을 것이며, 마지막으로는 평천하천하를 평정함! 즉 온 천하에 담당하는 회사의 브랜드를 알릴 것平天下이라는 것이지요. 너무 세게 얘기했나?? 크~~~~

이렇게 첫날이 시작되었답니다.

크게 기지개 켜고 Start~ 하고 Dash~ 할랍니다!!!

저의 표현으로 푸다닥거릴겁니다. 우헤헤헤 카믄서⋯.

전략 13
약자弱者의 전략, 그 두 번째… 비상飛翔~

같은 제목으로 '전략 5: 일본지사의 약자의 전략과 게릴라 전략'에
서 글을 쓴 적이 있기에 2탄입니데이~ 비상非常: Emergency이 아니고,
비상飛翔: Flying이지라~ ㅎㅎ

성숙시장이라고 하는 오늘의 일본제과시장은 매출규모가 조兆
이상이 되는 초대형 제과회사만 6개사이며, 1000억 원 이상 되는
회사가 24개사, 500억 원 이상 되는 회사 20개사가 쭈악~ 포진하
고 있는 곳… 저희 일본지사 매출규모는 100억이 아직 조금 모자라
거들랑요. (2009년 당시 기준, 2013년은 거의 300억 원에 가까웠답니다.
저는 2014년 초반까지 담당했더랍니다. 2019년 현재는 어떻게 되었을까요?
궁금하네요…)

과연 이 상황에서 회사규모에 맞는 약자의 전략이란 뭘까~요? 답은 먼 곳에 있지 않고, 또 아주 단순한 것임을 깨우칩니다. 정답은 '강자가 못 하는 것이 약자의 전략'이지요.(사실 어떤 지혜자가 살짝 가르쳐 주신 것이지요. 어느 유명한 스님에게 물었답니다. 담배를 끊으려면 어쩌면 되지요? 하고 물으니 "피지 않으면 되지!!" 하고 같은 맥락의 대답이지요)

강자는 조직이 커서 하나의 결정을 내리기 위해 많은 자료와 정보를 요구하고 그에 따른 잡雜시간이 많이 걸린다는 것 즉, 의사결정이 늦는 게 약점이지요. 또한, 강자의 조직 내에서 급격한 개혁자나 아이디어맨들은 '괴짜'나, '미친 넘'으로 매도되어 매장당하는 조직 내 관습이 있기에 함부로 까불랑거리지 못하고 뒷전에서 촐랑거리는 요상한 현상이 약점이지요.

개개인으로 보면, 강자의 조직은 강한 자인사권을 가진 자의 개인의 욕심Egoist이 우선적이 될 수 있는 경우가 많지요. 즉, 강한 자의 입맛에 맞추어 잘리지 않는 선택을 하게 된답니다. 그래서 설득과 납득을 하려 하는 의지가 줄어든답니다. 그러나 약자의 조직은 작다보니 조직 구성원 각각을 설득하고 납득시키는 수고의지와 노력가 적게 들기에 조직의 욕망VISION, Ambition을 우선적으로 할 수 있답니다.

그러면 나는 어떻게 하면 될까요… 한국제과회사의 일본법인? 우선, '괴짜Geek!!'가 되자! 아이디어에 '미친 넘'이 되자! 그리고… 첨병대장인 나는 빨리 결정Speedy Decision을 해주어야 직원들이 날개를 달게 되지요. 비상飛翔하게요~~~ ㅎㅎ

마지막으로 하나 더… '약자의 전략'의 엑기스!!!! 첫째, 약자는

'상대의 마음에 점을 찍기' 위한 갈망이 있다는 것이지요. 쉽게 표현하면⋯ '배고픔'이 있지요⋯ '열정', '열망', '갈증' 모두 같은 '헝그리 Hungry 정신'이지요.

둘째, 아무리 직위가 올라가도, 부자가 되어도, 권력으로 나는 새를 떨어뜨릴 수 있어도⋯ 꼬옥 유지해야 할 마음, '겸손'한 마음, '초심初心'입니다. 처음 임했을 때의 마음이지요.

처음엔 누구나 순수하고, 강한 의지가 있고, 당연히 배우려는 겸손한humble 마음이 있답니다. 또한 같은 초심이라는 발음으로 다른 한자 '草心'을 생각나게 합니다. 아무도 관심 없는 길가의 풀 같고, 도리어 무시를 당하는 잡초 같은 삶이지만 마음은 VISION이 있어, 밝고, 끈질기고, 생명력이 강한 것이지요. 당연히 '겸손Humble'은 따라와야 하지요. Apple사의 회장이었던 고故 스티브 잡스가 스탠퍼드 대학의 졸업식 연설의 마지막에 "Stay Hungry, Stay Foolish. 항상 갈망하고 미련하게 정진하라"로 연설의 끝맺음을 한 게 기억에 새롭습니다.

요로콤 다시 초심으로 돌아가 푸다닥하렵니다. ㅎㅎ

전략 14
넓게보다는 깊숙이 DNA를 알고…

広がりよりは奧行き오쿠유끼が重要…옆으로 벌리는 것보다 깊이 파는 것이 중요…

横堀오꼬보리と深堀후카보리…옆으로 파기와 깊이 파기…

아주 가끔씩 듣는 일본 어휘 중에 하나랍니다. 요즘 말로 하면 '선택과 집중'이지요. ㅎㅎ 일본 땅에 많은 외국 기업이 진출해서 Catch Phrase로 엄청 써먹었고 지금도 써먹는 단어랍니다. 근데요 ~ 개중에는 성공한 회사보다 실패한 회사가 더 많지요. 특히, 우리 한국계 회사는 거의 없구요. 세상에~ 삼성도, LG도, 현대도… 뭐~ 츠암~

그런데, 스타벅스, 맥도널드, 그 외 프랑스 패션브랜드, 독일의 필기구 브랜드나 자동차… 스위스의 시계나… 걔네들은 잘하는데… 왜 그런가 제 나름대로 생각을 해보았답니다. ㅎㅎ

세상에서 잘난 척하고 똑똑하다고 하는 그들이 알고 있는 '선택과 집중'은 물리적이고, 과학적이고, 지리학적이며, 수리학적이지요. 히~ 저는 그들을 '암기적인 사람' 이라 본답니다. 근데요. 세상에서 그런 사람들만 성공한다면 넘 재미없잖아요? 하나님 참 공평해요. ㅋㅋㅋ

진정한 '선택과 집중'은 IQ적이 아닌 EQ적이어야 하며… 더더욱 'JQ잔머리'적이어야 해요~~ ㅋㅋ 더 자세히 설명하면 DNA적이며, 문화적이어야 하며, 게릴라적이어야 된답니다.

그들 님요~ 맨땅에 헤딩 해보셨냐구요? 일본이라면… 우라裏

일본뒷 일본: 일본을 중심에 있는 산맥 기준 반으로 나누었을 때 우리 한국 쪽에 가까운 현(縣)들,

니이가타, 도야마, 규슈 등과 오쿠奧 일본면 일본: 동경이나 오사카 등 큰 도시와 멀리 떨어진

현(縣)들, 홋카이도나 오키나와 등을 아시는감요?

    어느 한국의 신문기사 출신 작가가 일본에 대해서 책을 출판한 걸 잠시 책방에서 읽었답니다. 내용의 거의 대부분이 굵직굵직한 도시들과 관광지, 온천지, 음식이 맛있는 곳, 대기업이 기반을 깔고 있는 공업도시, 그리고 유명한 사장님들과의 인터뷰들…. 몇 십 년 간의 내용을 그렇게 줄거리가 구성되어 있어서… 마~~~ 우째! 그 때 저도 저의 책을 읽고 일본을 따라잡을 수 있는 마음이 생기는 책을 쓰자고 마음잡았지요. 우리 민족은 예로부터 천성이 순해서 침략, 정복, 평정, 천하통일… 이런 거 못 해봐서 우리들의 DNA 안에 글로벌, World Wide의 개념이 만들어져 있지 않답니다. 그러나 어

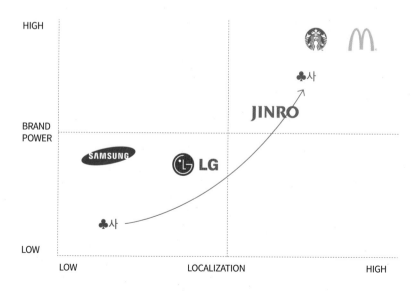

느 나라보다도 뛰어난 교육열 덕분에 외국서적을 보고, 유학 가서 쏼라쏼라 배워 와서 지금까지 운 좋게(?) 기술과 경제성장을 이뤄 왔다 해도 과언이 아니지요. 헤헤~

일본 내에서 외국계 기업에 근무하는 일본인 직원들, 특히 자기 네 일본보다 뒤떨어져 있는 한국계 기업에 근무하는 대부분의 이들은 삐까뻔쩍하는 진골이나 성골 출신우리나라에선 SKY대학이 아니랍니다. 입사하는 일본인 대부분은 우라裏 일본, 오쿠奧 일본에서 맨땅에 헤딩하여 동경으로, 대도시로 진출해서 어렵게 대학성골 진골이 아닌 대학을 졸업하고 일하게 된 사람들입니다. 그들은 진골이나, 성골, 즉 앞서 설명한 '와和'의 성골/진골 문화에 들어가지 못하고, 열심히 운명을 개척하기 때문에 대부분 곤죠根性가 좋답니다. 또한, 순수하답니다. 근면하답니다. 그들DNA를 이해하고 알아야 합니다. 저는요~ 2010년도는… 우라裏 일본, 오쿠奧일본을 전체 전력의 10%정도로 가지고 구렁이 담 넘어가듯, 핫바지 방귀 새듯, 닌자忍者 밤소리 들을 때처럼 새로운 유통형태나 거래형태로 들어갔었습니다. 그들의DNA는 우리를 받아주도록 되어있기 때문이지요.

한국의 기라성 같은 회사가, 일본시장에서는 판판이 깨어지는 것을 본 시각으로 보면, 일본에서의 '선택과 집중'을

우라 일본과 오쿠 일본

잘못 이해하기 십상이지요. 많은 반대와 갈등이 있겠지만 무엇이 DNA를 중심으로 한 '선택'이며, 무엇이 '집중'인지 설득하고 납득시켜서… 앞으로도 계속해서 폴짝! 폴짝! 뛰어볼까 합니다…. 그려~ 우히히히~

지금은 포키(Pocky:빼빼로의 원조)를 한국시장에 2013년 6월부터 출시해서 계속 매출성장하고 있답니다.

日

JAPAN

本

제5장

일본 삶과 나

성경에서도 비둘기처럼 순수하며,

뱀처럼 지혜로워야 한다고 가르칩니다.

남의 나라에서 사업을 하려면 특히, 더욱 그러하지요.

눈치가 빠른 사람은 벌써 알아차렸쓰까? ㅋㅋ

아마도 제목에 있는 JQ가 많이 높으신가봐요…. ㅎㅎ

우리는 타인을 어떻게든 평가해 보려는 본성 같은 것이 있지요. 옛날, 동물에 가까웠던 약육강식 시대의 성질이 유전되어, 이제는 경쟁하기 전의 탐색 같은 것이겠지요. 학교에 다닐 때 누구나 IQ검사를 받고, 어지간한 회사에서는 적성검사도 하지요. 넓은 의미로 보면 적성검사란 EQ^{Emotional Quotient, 감성지수}를 검사하는 것과 다름 없는 것 같아요. 즉, 충동을 자제하고, 감정을 제어하고, 좌절하지 않으며, 공감능력을 가지고 있고, 협력하는 사회적 능력 등의 정도를 객관적으로 보기 위한 것이지요.

사실 직원들의 IQ 성장을 위해서 회사에서 교육하기란 참~ 이는 기억력 증강, 산술력 배양 등인데… 회사가 가르칠 과목은 아니지요. 그러나, EQ는 어느 정도 할 수 있지않을까 보입니다. 직원들의 동기부여나, VISION 설명이나, 강한 추진력과 서로 신뢰하고 믿고 기다리는 능력을 키워주는 등….

일본에서는 부하部下 지도방법에는 이런 것이 있습니다.

1. やらせてみる。해보게 하라! 그래도 안 되면
2. 教えてやらせる。가르쳐서 시키고… 그래도 안 되면
3. やってみせる。해보여라.

여기에 상하관계에서는 호우렌소우ほうれんそう: 시금치라는 의미라서 외우기 좋지요라는 의무가 있지요.

1. 호우(호우코구): 보고報告
2. 렌(렌라꾸): 연락連絡
3. 소우(소우당): 상담相談

이 모든 일련의 것들은 역시 업무를 원활히 진행시키고, 고취된 분위기에서 EQ감각을 키우려는 것이지요. 즉 EQ란 가르쳐서 향상시킬 수 있는 것이랍니다.

사내에서 업무를 하다 보면, 그리고 교육을 시키다 보면 아무리 가르쳐도 변하지 않는 사람이 있답니다. 저는 이들을 극보수주의자라고도 부릅니다. 변화를 두려워하고 현실에 안주安住: 『Who Moved My Cheese?』라는 책에서도 주제가 된 것이지요하려는 사람들이지요. 아이디어가 없으니, 답습만을 주장하지요. 결국, 지성智性이 없는 사람이지요.

지성智性은, 사고Thinking하고, 분석Analysis하고, 혁신Innovation하는 능력이라고 봅니다. 이를 위해서는 지식과 지혜와 정보도 필요하고, 때로는 많은 기존 데이터의 결과를 포기하는 과감성도 필요합니다. 지성을 가진 사람은 근본적으로는 개혁하고 바꾸려 하는 행동력을 가진 사람입니다. 반면에 안주하려 하는 사람, 즉, 어느 정도의 지식은 있어도 지성智性이 없는 사람, 사내에서도 그런 사람이 제법 있습니다. 회사에 오지 않고 혼자서 집에서 일해도 되는 사람이지요. 음~

그럼, SQ는 뭘까요? 제 맘대로 '영성지수靈性指數'라고 부르고 싶네요. 즉, Spiritual Quotient! ㅎㅎ

본인의 근본을 바꿀 수 있는 능력이지요. 자신의 유전자에 기록된 DNA를 바꿀 수 있는 것이지요. '난 저 사람이 왠지 싫어', '이 음식은 도저히 못 먹겠어' 등 원인을 알지 못하는 거부반응… 이러한 것을 바꾸어내려면 어떻게 하겠는가요? 이 또한 능력이 필요하답니다.

이 능력은 기도Humble한 마음 - Stay Hungry한 마음로써 배양할 수 있겠지요. 혹은 타 종교의 성찰省察: 좌선, 요가, 명상 등을 통한 일종의 득도得道와 같은 것이라고도 하겠지요. 사람마다 그 영성능력이 숫자로 보이지는 않지만 그 사람을 처음 보는 순간 우리들은 SQ로 그 사람을 먼저 판단하는 것을 느낍니다. 누구든 넓고 큰 기도를 통해서 SQ를 높이면 아마도 참 행복을 느낄 수 있을 것 같아요.

자~~~ 마지막으로 JQ는 뭘까~요? ㅋㅋㅋ

제가 농담으로 맨 처음에도 적어놓았습니다만… 눈치 빠른 사람의 지수지요. 어찌 보면 괴짜Geek: 일본어로는 '헨테꼬(ヘンテコ)' 지수? ㅋㅋㅋ 즉 잔머리 지수Janmeori Quotient였습니당~~~ 또 하나 덧붙이면 지혜 지수Jihae Quotient랍니다~~~ 우짜등동… 눈치 빠르고 지혜로워야 잘살 것이니… 헉!

이러하니, 성경에서도 비둘기처럼 순수하며, 뱀처럼 지혜로워야 한다고 가르칩니다. 남의 나라에서 사업을 하려면 특히, 더욱 그러하지요. 너무 뱀처럼 눈치에 빠른 인간도 있습니다. 유전적으로 거부를 하지만 어쩔 수 없이 질질 끌려가다 퐁당 빠지는 인간도 더

러 있습니다. 그러기에 먼저 비둘기처럼 순수함을 먼저 가르치는
것이지요.

  "잔머리도 필요하지만 먼저, 순수해야 합니다!"

잠시 손펜을 놓고 싶을 때가 있답니다. 요로콤 글 쓰는 것을… 마음속 어딘가에선 뭔가 써야 된다고 사명감을 느끼는데… 또 어딘가에선 손 털고 일어나라고 부추기네요. 참 잡스런 마음이죠?

누가 나를 뒤에서 슬슬 밉니다. 처음엔 쉽게 걸어갈 수 있어 그 힘에 의지해서 앞으로 나아갔습니다. 점점 그 힘이 세어지고 나 자신도 걷다가 이젠 등의 힘을 얻어 뛰어봅니다. 바람이 귓가를 스쳐가고 상쾌합니다. 너무 좋습니다. 절벽이 가까워와서 이제 서고 싶답니다. 전 걸음을 멈추고 싶어서 힘을 줄였습니다. 그러나, 등 뒤의 힘은 계속 나를 밀어붙입니다. 서고 싶다고 고함을 질러도 나를 절벽으로 계속 밀고 있습니다. 이러다 떨어져 죽을 것 같습니다. 눈물이 앞을 가리고, 온갖 생각이 떠오르고 이제 절벽이 바로 앞입니다. 그 앞으론 거친 바다가 보입니다. 그 힘은 인정사정없이 나를 절벽으로 세차게 밀어버립니다.

진정 그때까지, 난 내가 날 수 있다는 것을 몰랐답니다….
지금 난 날고 있답니다….

언젠가 Taxi 안 라디오에서 누가 읽는 것을 제 나름대로 기억해서 적어보았습니다.
지사 직원 중에 가장 어린 남자사원에게 물어본 적이 있습니다.

"너 주말엔 뭐하노? 우찌 보내누?"

"요즘은 전철 타고 치바현이나 동경 근교를 여행합니다."

"차는 안 사나?"

"아직 전철로 충분합니다."

"(자슥 벌써 일본의 여행의 묘미를 알고 있구면…)맞다. 나도 작년까지는 전철 타고 여행 다녔는데 좋은 추억 만들기 참 잘했거든, 요즘은 렌터카 여행에 취미 붙었단다."

일본 온 지 얼마 안 되는 윤 대리가 저렇게 빨리 취미생활의 풍요로움을 즐기고 있다니… ㅎㅎ 내심 안심이랍니다.

나는요~ 누구나 현재의 삶에서 풍요로움을 즐길 수 있는 자격이나 권세를 가지고 태어났다고 믿고 있답니다. 대학원 시절의 어떤 여자후배가 와세다에서 석사를 마치고, 영국으로 박사과정을 위하여 유학을 갔더랍니다. 같은 과정에 영국의 전통냄새가 나는 시골신사 같은 젊은 남학생이 있었는데, 점심시간이 되면 꼭 샌드위치 도시락을 싸와서 잔디에 앉아 먹더랍니다. 후배도 돈 없는 유학생이라 빵이나 샌드위치로 점심 끼니를 때웠는데, 그 젊은 영국학생과 눈이 몇 번 마주치고 친한 친구가 되었더랍니다. 남녀관계란 차암~ 전 세계 비슷하네요. ㅋㅋ

어느 정도 친해진 뒤에 그 젊은 영국 시골 남학생이 자기 집에 초대를 하더랍니다. 아니나 다를까 런던에서 제법 떨어진 버스도 자주 없는 시골이더랍니다. 버스가 제시간에 오지 않아 만날 장소의 정류소에 십여 분 늦게 도착했는데… 그 학생은 보이지 않더랍니다. "음~ 기다리지 못하고 그냥 갔구나." 휴대폰도 귀한 20여 년 전의 영국이라 후배는 포기하고 건너편 버스 정류소에서 되돌아올 버스를 기다리고 있었는데… 반대편 저 멀리서 젊은 청년이 자전거 타고 오더랍니다. 늦은 것이 당연한 듯이… 후배 말로는 영국은 일본보다 시간이 늦게 간다나~~~ ㅋㄷㅋㄷ

그 청년의 자전거 뒤에 타서 그의 집으로 가는데 한참 가도 집이 안 나타나더랍니다. 능선을 따라 올라가서 아래를 보니 저 멀리 십 한 채와 마을 같은 것이 보이더랍니다. 근데요~ 그 집이… 갸~ 집이래요… 하 참~ 그게요~ 달력에서 간간이 보던 성城: Castle이랍니다. 우히히히~ 씨~

두 번째 놀랜 것은요~ 갸젊은 청년가 초대장을 하나 더 주더랍니다. 이번 여름 방학 때 크루징 하자꼬 하면서요~ㅎㅎ 근데요~ 그 장소 가요~ '카리브해'더랍니다… 그노무 자슥! 샌드위치 도시락 싸 다니며 절약한 거로는 Castle관리비나 크루징 배 값은커녕 식대도 안 되는데… 꿍!

진정한 풍요로움을 이해하게 만드는 에피소드지요. 오랜 기간 부자 된 그들을 통하여 최근 우리나라에서 벼락부자 된 자들의 생태(?)를 엿보는 듯합니다. 그러나, 어느 쪽이든 우리 모두에게 가능한 얘기랍니다. 우린 우리가 날 수 있다는 것을 죽을 때까지 모르는 채 그렇게 가버리지 않는가? 진정한 풍요로움을 느끼지도 못한 채… 대부분 그렇기에 참으로 애석해요…

한 번밖에 없는 이승 생활이랍니다. 아무리 어려워도 80~90년이고, 아무리 즐거워도 80~90여 년이지요. 훨훨 날며 진정한 의미의 풍요로움을 만끽하고 싶지 않으세요?

저 역시 특별하지 않은 그런 사람이었어요. 조그만 사건에도 쉬 분기탱천憤氣撑天하는 사람이었답니다. 회사 안에 있는 죄 없는 쓰레기통(?)을 걷어찬 적이 제법 있었고요. 감정을 주체 못 해 수화기를 전화통에 꽝! 놓은 일은 많이 있었던 걸로 기억한답니다. (이건 비밀인데 2013년도엔 본사의 부사장과 업무로 국제전화 말다툼하다가 노트북 PC를 던진 적도… ㅋㅋ)

그래서 저의 약 25년 전 과장시절의 별명이 특이했더랍니다. 아시는 분은 아시지만… ㅋㅋ 좀 별명이 깁니다. "핑크색의 뇌를 가진 라틴계의 한국인~"이었답니다. 십수 년 전의 물불 안 가리고 설쳐댔던 일본주재원 과장시절의 모습이 차암~ 일목요연一目瞭然하게 표현되어 만들어진 것 같아요. ㅋㅋ

과장→팀장을 지나 이후 약 15여 년이 지나서… 그리고… 운명의 장난이 휘몰아쳐 줘서, 다시 그 회사의 해외법인장이 되어서 일본으로 되돌아왔답니다. 츠아암~ 요상~ 주재원 시절 당시 근무했던 직원들은 뿔뿔이 흩어지고 유일하게 1명만 남아있었고, 나머지 인원들은 OB회를 만들어 아직까지 서로 연락을 취하고 있답

Moment Can, fun for everyone!

니다. 그들끼리 만나면 저의 이야기가 가끔 오가는 모양입니다. 이하 처럼요~

"야~ 사람 변했다. 그 또라이가 차분해졌어야~"(물론 일본말로 ㅋ)

"얼굴에 관록이 붙었더라… 쬐그만 게… ㅋㄷㅋㄷ"(역쉬 일본말 ㅋㄷ)

"자아식~ 제법 인간 됐어야~"(당근~ 일본말 ㅎ)

"좀 멋있어졌는데… 흰 머리카락도 어울리고…"(말밥~ 일본말 ㅎㅎ)

"ㅋㅋㅋ 쉐암지 하곤…"

어떻게 알았냐고요? 닌자忍者가 있거들랑요~ ㅎㅎ

요즘 저는 어지간해서 화를 안 낸답니다. 그리고, 남의 나라에 오래 있다 보니 별 희한한 경우를 당해서 그런지… 성질도 안 부리려고 자제하는 마음을 가지는 훈련(?) 덕택에 좀 추스를 줄 안답니다. 더불어, 초超까다로운 아내의 급변하는 성격에 맞추는 건 "쵸로이 몬데스!"ちょろいもん: 아주 쉽고 간단함을 의미하지요. ㅋㅋㅋ 사실은 공처가지만… ㅋㅋㅋ.

그렇다고 해서 여하튼 회사를 운영하고 앞으로 이끌고 가야 하니까 늘상 참고 비위 맞추며 운영하는 것은 아니지요. 직원들은 그래도 두려운(쫀쫀하다는 게 어울린답니다. ㅎㅎ) 상사라고 그러는가 봐요~ 나~ 참~ 아까멘치로경상도말로서 "조금 전과 같이"란 뜻~ 닌자를 통해서 들은 바로는… ㅋㅋ

일본의 어느 작가의 칼럼을 읽은 적이 있습니다.

"褒めると叱るは同意語である。いじめとは叱るの反対語である。その差は愛が含まれてあるか無いかである。"

번역하면요. "칭찬하는 것과 꾸짖는 것은 동의어다. 이지메괴롭힘, 왕따는 꾸짖음의 반대어다. 그 차이는 사랑이 포함되어 있는가, 없는가에 있다." 그래서, 사내에서 직원을 꾸짖을 때는 항상 제 자신을 뒤돌아본답니다. 이 직원을 사랑해서 꾸짖고 얘기하고 있는 건가를요. 가정교육을 잘 받은 분들이나, 첫 직장을 잘 들어가서 좋은 상사를 만나서 좋은 가르침을 받은 사람에게는 당연하지만… 직접 행동까지 되기란 참 어렵더라구요~ 특히, 열 잘 받는뚜껑 잘 열리는ㅎㅎ 나에게는요~

저는 욕을 참, 데낄로, 항~그~ 잘한답니다. 30년도 훨씬 전 군대생활 27개월 동안 백마부대 ○사단 ○○연대 ○대대 16중대 2소대에서 대한민국의 각 지방의 욕을 깔끔히 전수받았답니다. ㅋㅋ

오래전에 한국 서울에서 영화를 봤답니다. 제목이 '황산벌'이었는데… 백제군과 신라군이 서로 맞대어 진을 치고 욕으로 기 싸움을 하는 장면이 나오는데…ㅎㅎ 저는 100% 모두 다 잘도 이해했답니다. 그래서 배 잡고 웃을 수 있지요. 사실 군대를 갔다 온 사람은 차암~ 이해가 빠르지요. 그 욕 내용의 섬세함과, 과격함과, 웅장함과, 애끓음, 지랄성~ 등등…

저는요~ 그 욕의 진수included Skill를 거의 100% 습득했었답니다. ㅋㅋ 그런데요~ 1998년, 즉 제 나이 38세 이후로 욕을 똑! 끊어버렸답니다. 왜냐하면, 분기탱천할 것이 없어져 버렸기 때문이랍니다. 근데… 요즘 슬슬~ 숨어있던 '핑크색의 뇌를 가진 라틴계의 한국인~'이 10년에 한 번씩 회사가 바뀔 때마다 다시 나타나는 거 있죠?ㅎㅎ 참고 잘 끊어왔었는데… 잘 지켜왔었는데… 마음을 잘

추슬러왔는데…

남자가 도망쳐야 할 때가 있다고 합니다. 첫째는, 성내게 하는 자 앞에서, 그 둘째는 여자 앞에서랍니다. 근데요~ 이게 와!~ 이렇게 에리른지요? 말씀엔 화낼 때 마귀가 가장 잘 틈타고 마음에 들어와 더욱 혼잡하게 한답니다. 마음을 잘 간수하고 싶네요.

얼릉~ 무릎 꿇어야 되겠습니다. 그리고 기도해야겠습니다… 귀엽긴 하지만 그렇게 되돌아가고 싶지 않은 '핑크색의 뇌를 가진 라틴계의 한국인~'을 이제는 도리어 잘 승화시켜서 '멋진 옆집 아저씨'로 바꾸기 위해서요~

일본의 우익이 또 설칩니다. 정치적으로 또 문제를 만듭니다. 내가 가장 싫어하는 일본의 부분적인 모습입니다. 너무 이기적이고 3류 정치인들입니다. 얼마 전은 왼쪽에 있는 중국이 '사드' 때문에 그러더만… 이제는 오른쪽의 일본이 이럽니다.

사람의 속을 뒤집고 혈뜯게 만드는 것이 얼마나 큰 잘못이며 죄인지 그들은 모르는가 봅니다… 답답합니다. 사랑하는 우리나라 대한민국이 외국인의 눈에서 보면, 아직도 자기네들끼리 미워하고, 분열되어 있으며, 그때마다 과격한 촛불집회가 계속되고, 그때마다 그 당시 야당은 뭐든지 간에 반대를 위한 반대만 하고 있어서… 외국인들이 우리 모두를 떠리미로 무시하는 것 같아 심히 괴롭답니다.

어찌하다가 우리나라가 이렇게까지 외국의 저질적인 정치 3류의 언동만행에 휩쓸리는 골 때리는 나라로 전락하였는지요…. 아~ 대한민국….

우리나라요. 옛날에도 국론이 자주 분열되어, 온갖 주위 잡雜나라가 침범했더랬는데… 어찌 어리석은 우리의 3류 정치를 역사로서만 알고 아직도 답습하고 있는지요? 오랜전 금강산 관광이 있었을때, 이제까지 동족이라고 잘 지내자고 지원을 그렇게 물 쓰듯 쓰고 경제가 흔들리도록 퍼다 주었던 북한은… 아무 적의 없는, 관광하는 아줌마를 향해 총을 쏘았으니… 아~ 2010년엔 표현조차 하고 싶지 않은 천안함이 그러한데… 이것조차도 나라 안에서는 분열을 조장하니… 외국에서 보면 도대체가… 러시아가 무시할 거고, 중국이 무시할 거고, 일본도 무시할 것이고….

정말 우리 모두가 사랑하는 나라… 억장이 무너집니다!!! 무슨 연대인가 하는 조직이 이쪽저쪽에 만들어졌고, 무슨 조합들이 그들의 권익옹호인 양하여 이권집단으로 기형성장되어 있고, 바른말만 하면 보이지 않는 네티즌이라는 얼굴 없는 비겁자들이 마녀사냥입네~하며 가짜뉴스를 만들어 군중을 선동하니… 결국 언론처럼 목소리 큰 자, 과격한 자, 거짓가면으로 양심적이라고 떠드는 자들이 힘 있는 나라가 되어버린 것이지요. 정말 괴롭습니다! 이 마음 이해할란가요?

우리 이제 나랏님 쪽이든 반대쪽이든 욕 좀 그만해요. 서로 인격존중을 하면서 이제 단결합시다~ 꼴사납게 보이지 맙시다. 더 이상 얼굴 없는 선동자들의 글귀에 흔들리지 맙시다. 임진왜란 때 도요토미 히데요시豊臣秀吉의 명을 받은 가토 기요마사加藤淸正와 고니시 유키나가小西行長는 조선을 침략하는 것이 너무 쉬웠답니다. 그 당시 조선이 분열되어 있어, 싸울 육군조차도 비실했답니다. 그래서 부산포에서 한양까지 진격하는 데 천천히 걸어서 2달 만에 끝났답니다. 한양을 접수하고 개성에서 평양까지도 어려움 없이 밀고 갔더라고 그들의 역사서에 적혀있지요. 누가 이렇게 나라를 힘없게 망쳐놨는지요? 그때와 지금과 뭐가 다른가요???

일본이 가장 무서워하는 장군! 이순신 장군이 그립습니다. 그 당시의 일본이 별거 아니라고 떠벌렸던 골 때리는 정부관리나 지금 국회에서 서로의 의견을 반대만을 위한 반대로 분열을 조장하며 떠드는 거나 뭐가 다른가요? 그 당시 이쪽저쪽에서 허튼 소문 만들어 약탈하던 패거리나 지금의 악플 네티즌과 뭐가 다른가요? 정말 애국자이며 실력 있는 이순신 장군을 끄집어 내리고 모함했던 원균파들과 지금의 무슨 연대나 조합들의 단체와 무엇이 틀린가요? 지금은 모습만 틀리지… 침략 받은 것과 다름없답니다. 이것조차도 느끼지 못하는 자라면 본인이 진정 자기가 태어난 나라를 사랑하는지 물어보고 싶답니다. 그렇지 않다면 이기적이든지요.

뉴스! 보고 싶지 않아요. 보면 속이 끓어요. 남의 나라가 미워서가 아니라 북한이 미워서가 아니라… 분열되어 있어, 단합 안 되는 우리나라가 안타까워서 그래요… 다른 나라 국기 태워서 속 풀리지 않는답니다….

러시아가 무시하고, 중국이 무시하고, 일본조차도 무시하고, 우리 3류 정치인들과 추종세력들은 서로 삿대질이나 하고 있고, G8, G20에 초대되어도 무시당하고, 나랏님의 잘못도 있지만 우리 모두가 먼저 서로 사랑해야겠지요. 용서해야겠지요. 자기네들의 이권만을 위해서 무조건 여론 조장하는 거짓 애국자들의 모함에서 탈피해야겠지요.

자세히 찾고 보아야겠습니다. 나라 망치게 하는 선동하는 그들의 얼굴을… 단합 안 되는 얼굴들… 용서 안 하는 얼굴들… 질투로 가득한 얼굴들… 사랑 없는 얼굴을요~

일본 상품의 장점이라면 특히, SONY사의 개발 기본원칙으로도 잘 알려진 단어지요. 가볍고輕, 얇고薄, 짧고短, 작게小… 그들은 그러면서도 철저한 품질관리로 세계적인 기업을 일궈냈으며 또한 최고의 Brand력을 유지하고 있답니다. 후발이지만, 우리나라도 SQC, TQC 등으로 품질관리에 중점을 두고 6시그마, TTM관리 등으로 세계적인 기업들이 나타나게 되었지요.

얼마 전에 동경의 아카사카에서 스페인 관광객부부를 만나 두어 시간 얘기를 나누었는데, KOREA나 JAPAN은 아시아의 참 좋은 나라로 알려져 있고 제품에 대해서도 신뢰가 두터운 나라로 인식되어 있어 너무나 우리나라가 자랑스러웠답니다.

문제는 우리가 만드는 상품에 있지 않답니다. 그 상품을 만들고, 관리하고, 판매하는 우리 모두들의 인간능력에 있답니다. 똑똑한 설계자와 공장관리자들의 노고와 사막까지 가서 땀 흘리며 물건을 파는 눈에 안 보이는 사람들이 있답니다. 그들은… 장기적인 안목과 중후장대로 업무에 임한답니다.

함부로 감정을 표현치 않으며, 온화하려고 노력하며, 오래 참으며 기다릴 줄도 알며… 그리고 마음도 넓고 크답니다. 중후장대가 꼭 들어맞는 사람들이지요. 무겁고重, 두텁고厚, 길고長, 크고大….

그런데, 땀 흘리는 노동자들을 대변한답시고 일부 사업장에서는 본인과 본인의 가족만의 이기심으로 설치는 인간들이 요즘 갑자기 불어나서요. 그들의 마음을 중후장대라는 표현하지 못하지요. 물론 사명감을 가지고 온전히 대변하는 분들도 계십니다. 중후장대의 마음을 가지지 못한 분들은 경박단소의 상품과도 거리가 멀고 상대방의 충고를 들으려조차 않기에 답답할 뿐입니다.

또한, 얼굴이 보이지 않는 사이버공간에서 악플만을 일삼고 있는 자 역시 마음은 벌써 중후장대를 떠났으며… 그들의 손은 경박단소를 벗어나 글 자체에 예의는 없어진 지 오래며, 유머나 위트는 상상조차 할 수 없을 정도로 유치해져 있지요… 오호 애재라!!!!

이제 본연의 사람의 모습을 찾아야 합니다. 일본의 노동계와 사업장을 꾸준히 살펴보면 그들이 왜 세상에서 강한가 하는 것을 알 수 있습니다. 즉 그들 일본인들은 우리들보다 조금 더 손과 발은 경박단소輕薄短小를 추구하며… 마음과 두뇌는 중후장대重厚長大하는 여유를 가지고 있다는 것이지요….

우리는 자신의 지금그때의 현 시점까지의 지식으로 분별하고, 판단을 하겠지요. 대다수의 모두는 그렇게 알고 있을 겁니다. 그래서 올바른 판단을 하기 위해서 많은 지식을 쌓으려 하고 어릴 때부터 공부열이 대단하지요. 특히, 우리나라는 더하구요.

이렇게 과한 공부열도 잘못된 것인 줄 모르고 오늘도 회초리 들고, 쌍심지 켜고, 공부방을 지키는 어머니들… 뿐만 아니지요. 지식인이 사회를 정화해야 한다는 표면상의 자유를 내세우며 교권을 내세워 시국선언하는 일부 목적을 잃어버린 단체나, 자신들만이 정의와 민주인 것처럼 칠갑을 해서 깨끗한 옷을 걸치고 정의사회 구현을 외치며 거리로 나오는 종교가들… 모두가 '지식의 Miss'로 나온 산물과 다름없답니다.

많은 공부를 한 박사님들조차도, 껌 하나, 자식에게 사줄 선물하나 사려 해도 지식으로 사려하지요. 이것이 내 몸에 좋을까? 내자식에게 이로울까 등등 생각하며… 그러나, 진작 상점에 가게 되면 그때의 냉철한 지식은 점점 저변으로 깔리고, 상점의 수많은 POP매대의 판매촉진용 광고와 같은 광고물이나 눈이 튀어나올 정도의 가격. 일본어로는 매다마 (目玉商品)상품이라고 표현하지요나 점원의 말장난에 쉽게 넘어가 버리지요. ㅎㅎ 사실 나 자신도 마찬가지구요~ ㅋㄷㅋㄷ

어느 일본회사의 회장님이 말씀하신 내용이 떠오릅니다. 지금은 고인이지만 제가 대학원을 졸업하고 처음으로 일본에서 취업한

(주)마루망한국에서 골프채 Brand로 유명하지요의 창립자이신 '가타야마 유타 가片山豊' 씨가 말년에 이런 말을 했었답니다. "이제 책을 그만 읽어라! 그게 도리어 너희들의 판단을 흐리게 한다."고….

그분은 스스로가 엄청나게 책을 읽는 사람이었답니다. 그리고 사원들에게 매주 책을 읽도록 읽을거리를 지정해 주기도 했더랬습니다. 그런데… 아마도 그가 헉! 하고 깨달았던 것 같습니다. 모든 '의사결정'은 지식에서 나오는 것이 아니라, 경험에서도 나오는 것이 아니라, 그 순간까지의 유혹과 운명적인 맞춤에 의해서 정해진다는 것을… 또, 그것이 그 인간의 운명을 좌우한다는 것을, 아니 결정한다는 것을….

이 나라든, 저 나라든, 현재 본인의 사회환경이 본인의 노력이나 지식의 산물이라 여기는 사람이 많은 것 같습니다. 그런 마음이 있는 지금 이 책을 읽고 있는 본인이라면, 한번! 본인의 인생에 있어서의 Turning Point전환점를 잘 되새겨 보세요. 그 시점에 예기치 않던 곳에서 기회와 운이 따르지 않았는가요?

얼마 전에 옆구리 쿡 꾸욱~ 쑤신다는 뜻을 가진 『Nudge』라는 책을 읽었답니다. 그리고 그 전에 『아웃라이어』라는 책을 읽었답니다. 이 두 가지의 책은 미국인이 쓴 책이랍니다. 또, 한국인이 지은 책에 『세월이 젊음에게』라는 책이 있습니다. 세상을 보는 시각은 각각 다르지만, 삶에 대한 가치는 외형적인 것겉치레/껍데기보다는 내면적인 것평온한 마음/행복한 마음이 더욱 중요하다는 것을 나타내는 것 같습니다.

자기나 자신요? 나의 '겉사람'과 '속사람Inner course Being'은 참 오랜 기간 함께하고 있는 오랜 친구지요. 자기 자신에게 참사랑을 가지고 다시 한번 바라봐야 할 것 같아요. 『Nudge』나 『아웃라이어』에 나오는 참 행복과 참 성공의 운을 잡기 위해선, 나에게 좋은 생각, 좋은 감정, 좋은 마음의 영양제를… 삐뚤어지고 왜곡된 지식 대신에 넣어야 될 것이에요. 그래야만 잘못된 지식에서 나오는 Miss를 막을 수 있답니다. 그래야 사랑하는 가족에게, 동료에게, 사회 구성원에게, 더 이상 폐를 범하지 않지 않겠어요?》

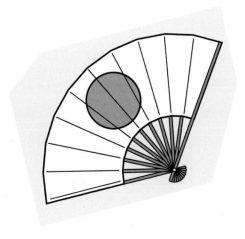

"원천기술은 유럽, 미국이고, 모방창조 기술은 일본이고, 생산은 한국이다."

"일본 기계 들여와, 조립과 생산은 한국에서 한다."

"기술은 일본 것이고, 팔 때마다 로열티 지불을 해야 한다."

"껍데기는 한국 것이고, 알짜배기는 일본제다."

결국… "한국이 팔고, 실속은 일본이 챙긴다."

사실 이런 글은 30~40년 전부터 있었던 얘기들이며, 지금 새삼스런 문구가 아닌데… 왜 또 들먹이고, 쪼잘대는 것인지… 누가 불쌍한 것인지… 떠드는 놈은 수백 명이고, 상처 받는 인간은 수천 명이고, 반성하는 사람은 겨우 한 명 정도이고, 자기 스스로를 용서하는 인간은 수만 명이어서… 그나마 스스로를 용서하는 인간들 중에 진정 회개한 사람이 한 명이라도 있었으면 이런 철딱서니 없는 글이 또 나오지 않았을 것인데….

우리나라 이렇게 대~충 성장한 것 아닐런가 싶습니다. 주위를 둘러봐도, 생산하는 물품을 뜯어봐도, 어지간한 것은 일본에서 배워온 것이고, 생산 기계도 이전엔 일제였으며, 이제는 일제를 모방한 우리의 기계로 생산하지만 기계의 효율은 그다지 만족스럽지 못한 부분이 많은 게 현실이지요. 30년 전의 공장이나 지금의 공장이나… 자동차, 가전, 조선, 전자, IT강국이라고 하지만 기초 기술력이 얇아서 일부 개발력으로 버텨온 이 메인 밥통조차도 이제는 점점 중국과 인도에 밀리고 있답니다.

단군 이래로 우리 한반도 역사에서 최고의 부국富國이 '신라'였다네요. 숯불로 밥을 지어 먹고, 땔감나무가 아닌 숯이였기에 연기가 서라벌 성내에 보이지 않을 정도로 잘살았답니다. 그 다음이 현 시대 2000년대라네요.

1970~80년도 고도성장을 하고, 1990년 초 버블경제시대에 중국을 얕잡아 보던 벼락부자였던 'Ugly Korean'이 있었고… 요즘도 가끔씩 보인다는 미국의 맨해튼의 대형 빌딩에서 큰소리치며 잘난 척하던 자칭 엘리트 비즈니스맨 아직 있고… 일본이라면 죽일 놈이라 하면서 특허권의 로열티는 차곡차곡 갖다 바치며 생존하는 기업도 적지 않답니다. 그러나 그들의 피땀 어린 노력 덕택에 일자리가 있고, 해외 돈도외화 벌어 오는데… 아직도 나라 안에서는 수용하고 용서를 못할망정 남을 비판하고 배격하는 문화가 횡행하고 있습니다.

롯과 아브라함 시절에, 롯이 자신의 이익만을 챙기려고, 삼촌인 아브라함을 저버리고 '소돔과 고모라'의 땅으로 갑니다. 그 땅은 잘 알듯이 퇴폐적이고 일 안 하고 놀고먹는 넘들이 자리 잡고 앉아 있는 '시대의 악의 도시'였지요. 현 시대의 우리사회와 뭐가 다를까요? 그 땅을 유황불로 없애려는 하나님의 계획을 안 아브라함이 자기의 조카 롯의 가족이 사는 그 땅을 살리기 위해서 하나님께 매달려 부탁합니다.

"그 땅에 50명이라도 의인이 있으면 멸하지 않으시나요?"

하나님 왈 "그렇다."(창세기 18장 24~26절)

50명은 자신 없던 아브라함이 "45명의 의인을 찾으면 멸하지 않으시겠습니까?"

하나님 왈 "그렇다"(창세기 18장 28절)

45명에도 자신이 없는 아브라함이 다시 묻습니다. "40명의 의인을 찾으면 멸하지 않으시겠습니까?"

하나님 왈 "그렇다"(창세기 18장 29절)

이렇게 하나님께 간청하여 20명까지 줄어들었으나 20명조차도 자신이 없는 아브라함이 다시 묻습니다. "10명의 의인을 찾으면 멸하지 않으시겠습니까?"

하나님 왈 "그렇다"(창세기 18장 32절)

하지만 그럼에도 불구하고 영화와 책, 구전으로 아시다시피 소돔과 고모라는 이름만 남고 역사 속에서 완전히 사라졌답니다. 의인이 10명도 없었기에… (창세기 19장)

일본과 오랜 업무를 함께해 온 저는, 우리나라에도 땀 흘리고, 성실히 사는 사람이 많다는 것을 알고 있습니다. 많이 봐왔습니다. 그러나, 이웃나라 일본인은 평균적으로 더욱 성실하고 근면하고 검소한 경우가 많음을 느낍니다. 우리에겐 그런 사람이 턱없이 부족합니다. 반면에 하늘 보고 주먹질하는 인간들이 일본보다 너무 많이 늘어났으며, 그들은 퇴폐하고, 스스로는 회개는 물론 반성조차 하지 않습니다. 그리고 우리 국민은 그들의 잘못을 쉬 잊어버립니다. 창세기의 '롯'처럼요. 퇴폐의 미련을 못 버려 불타는 소돔과 고모라를 뒤돌아보다 소금 기둥이 된 '롯 아내'(창 19장 26절)처럼….

〈친절한 금자씨〉 영화의 유명한 대사처럼 '너나 잘하세요!'가 뇌리를 스칩니다. 남 탓하기 전에 나부터 그렇게 되야 한다고… 나부터 반성이 아니라 진정으로 회개해야 한다고… 너와 나, 나와 너가 우선 필요로 하는 한 명이 되어야 한다고….

2009년 9월 1일은 당시의 회사와 나의 역사에 조그마하게 기록될 듯한 날입니다. 어려움의 연속 속에서 정말 멋진 협상Negotiation을 한 날이랍니다. 우리 쪽 네고시에터협상자는 3명, 본사에서 부사장과 상무와 저일본법인장로 구성되고, 상대는·백전노장의 일본 사장님닛 신료기日新糧機사의 도마當間 사장님이었는데 이분은 제가 일본 분으로 지금도 계속 연락하고 지낸답니다. ㅎㅎ…

문제 발생의 원인이 우리 회사의 본사에게 있고, 이러지도 저러지도 못하는 진퇴양난에 처한 상황인 데다가, 담당자들과는 험악한 상태가 몇 개월째 지속되고 있어서, 결국은 회사의 TOP이 나서야 할 정도로 급박했답니다. 몇 주 전까지도 일본법인이 담당하지도 않았고, 본사 팀장급이 주도적으로 진행하면서 저희 일본직원이 통역어시스턴트를 해왔기에, 일본법인으로서는 내용을 몰랐던 업무였지요. 문제가 커지니… 이제는 TOP까지 보고가 되었고 각 사의 TOP들이 전면에 나와도 해결할 수 있을까 할 정도로 악화되어 있었답니다.

우리 측의 네고시에이터의 각자의 역할을 정했습니다. 책임자는 본사 부사장이 하고, 조건 제시提示자는 상무가 하고, 분위기 메이커와 일본 사장님의 기분을 맞춰주는 무마撫摩자 및 통역은 바쿠저의 성 '박'의 일본 발음~ ㅎㅎ가 담당을 하기로…. BETNABest Alternative To Negotiated Agreement가 정해지고, ZOPAZone Of Possible Agreement가 확정되고… 3~4시간 저희 일본지사의 사무실에서 실전과 비슷한 예행

연습을 하고, 10분 전에 협의장소인 동경 아카사카의 요릿집쓰루요시:鶴よし에 도착했답니다.

총 3시간….

1시간째, 분위기 잡기 시간에는 서로 아는 사람 이름 들먹이며 조금이라도 유대감을 형성하고, 각자의 비즈니스 경험 이야기, 한국과 일본 간의 문화 및 역사, 최근의 뉴스 그리고, 상대 사장님의 취미인 골프와 고무술古武術: 일종의 검도와 합기도 등으로 잘 무르익게 유도했었답니다.

두 번째의 1시간은… 본론으로 들어가서, 조건 제시자인 상무가 저희 회사의 조건을 꺼냈답니다. 분위기가 슬슬 험악해져 가고, 일본 사장은 자리를 일어나, 화장실로 가버립니다. 헉!!! 한 5분여 시간이 5시간은 되는 것 같았답니다. 우리들은 "우찌 되겠누" 하며 얼굴만 마주 봅니다. "우야노? 우짤꼬!"를 몇 번 했습니다. ㅎㅎ

그의 화장실에서의 계산식이 예상됩니다. 우리가 시뮬레이션한 것처럼 대학에서 경제학을 전공한 일본 사장님은 흰 머리가 파뿌리 되도록 5분간 열심히 계산했을 겁니다. 원가가 대충 감이 잡힙니다. 그리고 적정이익을 유지 못 함을 알고 있을 겁니다. 그냥 설비를 폐기처분하는 것과 우리가 제시한 내용 사이의 차액 등을 열심히 계산하였을 겁니다. 깨끗하지만 컴컴하고 좁은 일본 전통 요릿집의 화장실에서….

일본사장의 마음은 아마도….

"음~ 나의 소망은 이것뿐만이 아닌데… 이들이 알고 있을란가?"

"저놈의 바쿠 샤쬬박 사장는 알 낀데… 어느 말부터 꺼내야 먹힐까…?"

"어떻게 할까???"

별별 방법과 생각 다 하였을 겁니다. 화장실에서 쪼그리 앉아서….

도게쟈

드디어 사장이 돌아와서 자리에 앉았습니다. 어~어~ 어~!!!! 아니? 했을겁니다. 갑자기 우리 측 협상 책임자인 부사장이 예행연습을 한 대로 무릎을 꿇고 10여 초 동안 머리를 숙입니다. 일본의 도게쟈土下座: 땅에 무릎을 꿇어 절을 함. 일본 무사들의 극진한 예의 문화에 대해 사전에 부사장에게 설명과 리허설을 우리 모두 해두었지만, 그것을 리허설 때 약속한 나의 콧등 만지는 신호로 바로 행동으로 보여준겁니다! 크~~~ㅎㅎ 뭔가 여기서 상대 사장님의 마음의 반은 넘어갔습니다!!!

그러니, 예상대로 예의바른 일본 사장님도 같이 무릎을 꿇고 머리를 숙입니다. 우리 모두 다 같이 같은 자세를 취했습니다. 분위기가 차악~ 가라앉았습니다. ㅎㅎ 전체적으로 30초는 흘렀을 겁니다.

세 번째로 넘어갑니다. 숨 가쁜 상황 전환이 필요한 때였습니다….

상대 사장님의 가장 가려운 곳이 어딜까? 우리는 일본의 No. 1 기업 평가 회사인 '제국 데이터뱅크'를 통해서 약 5만 엔50만 원 상당을 투여해서 사전에 조사를 하였답니다. 약 30~40Page 가량의 최근 4~5년간 회사 분석 및 경영자 분석 등을 통해 우리가 예측한 대로라면….

1. 돈이익도 중요하지만, 오랜 거래를 더 중요시할 것이며

2. 차기 사장이 될 차남의 경영수업을 잘 시킬 수 있는 거래처를 원할 것이다.

라는 정보를 기본으로, 우리는~ 우리의 제안과 함께 경영진의 한국으로의 초대(물론 차남과의 동행 승인)와 베트남 공장의 준공식 초대, 그리고 본사의 TOP들과의 인사 등을 포함하여 인맥 소개 등을 약속하였지요. 10분여 지나서… 머리카락이 허~연 상대 사장님은 우리가 내심 준비했던 총 8가지 BETNA 중에서 우리에게 가장 유리한 조건으로 승낙했습니다.

우리는 받아내었답니다!!! 물론, 여기서 끝나면 안 됩니다. 조금 더… 무마撫摩자가 나타날 차례지요. 나는 얼른 노트를 펼치고, 구두로 약속한 내용을 일본어로 급히 적어 내려갔습니다. 각서를 쓰고 sign까지 받아내는 것이지요. 총 2페이지를 쓰고, 참가자 4명의 sign을 그 자리에서 받아내었지요. ㅋㅋㅋ All Set!!!(나의 내심의 쾌재!!!) 그 결과, 우리 회사는 총 비용 중, 30%에 해당하는 XX억 원을 절약할 수 있었으며 관계도 개선할 수 있었을 뿐만 아니라 더욱 좋은 관계로 발전할 수 있었답니다. 어떻게 알 수 있냐고요? 헤어지기 전에 우리 모두는 무사일본 사무라이들이 헤어질 때 하는 예의(고무술의 유단자이신 상대 사장이 그 자리에서 가르쳐줬답니다)로 서로 예절 있는 인사를 하게 되었으니깐요…. ㅎㅎ

구체적으로 일일이 내용을 적지는 못하나, 어느 정도 세월이 지나면 공개를 할 예정입니다. 하나의 협상의 좋은 예로서요~ 헤헤~ 뭔가 눈에 안 보이는 힘… 하나님 함께해 주셔서 감사합니다. ^^

〈Man In Black〉이라는 영화를 보면 이 세상에선 벌써부터 우주인들이 지구인과 함께 살고 있지요. 그리고 이상한 괴현상들은 그들이 일부 저지르고 있다고 되어있지요. ㅋㅋ 영화 1편에서는 주인공 'Z' 토미 리 존스가 이상한 마니아 잡지들을 보는 장면이 나옵니다. 기괴한 현상들의 기사가 담긴 것인데 그 속에는 진짜로 우주인이 일으키는 사건이 있다는 내용이 있지요.

그게 그렇더라구요. ㅎㅎ 세상에서 40세이면 불혹不惑이라 해서 마음이 헷갈리지 않는 나이라고 하는데… 저는 벌써 지천명知天命: 하늘의 뜻을 안다이라는 오십을 훨~ 넘었는데도 지천명은 고사하고 와~ 이레 아직도 세상이 헷갈리는지…ㅋㅋ

요즘 깨달은 것인데, 주위에 함께 있었던 분 중에 어떤 사람을 사랑했던 사람이 죽으면, 사랑 받았던 당사자는 당분간 동안 '복'을 받는다는 것이지요… 말이 되나요?ㅎㅎ

일본의 올림픽 야구대표팀의 감독이었던 고故 호시노 센이찌星野仙一 씨는 사랑하는 아내를 잃고 그 당시 쥬니치를 우승으로 이끌었으며, 그 여세를 몰아 올림픽 감독까지 되었지요. 얼마 전에 또 우승한 한국의 골프스타 신지애 씨가 어머니를 여읜 이후 승승장구를 하게 된 사례도 있죠.

물론, 그녀의 피땀 어린 노력도 당연히 있었겠지요. 지금은 세계적인 스타가 된 비Rain 씨에게도 어머님이 살아계실 때의 못 이

류. 애틋한 사랑이 있었지요. 음~ 이문세 씨도 먼저 간 이영훈이라는 작곡가를 아직도 못 잊고 있지요…. 찾으면 찾을수록 넘쳐나는 기사가 있을 것 같아요. 사랑하던 사람이 옆에 있다가 없어지면, 그 비워진 공간을 우주인이 따라붙게 되는가? 아니면, 그 우주인이 천사인가? 오잉?

여기 일본, 제가 사는 곳에는 저의 사랑하는 어머니의 사진이 없답니다. 단지, 어머니가 메모로 남겨놓은 글씨가 있답니다. 형에게 부탁해서 사진이나 글, 뭔가를 얻어야 될 것 같아요. 저는 다소곳이 어머니가 남겨놓은 메모 글씨를 꺼내어, 액자에 넣은 후 회사 책상 위에 올려놓았답니다. 2년 전에 돌아가신 아버님 사진은 항상 여권 속에 넣어서 해외여행을 동행하지요.

참眞 복은 하나님으로부터 오는 것이며, 근심 없는 복이라고 합니다. "여호와께서 주시는 복은 사람을 부하게 하고 근심을 겸하여 주지 아니하시느니라."(잠언 10장 22절) 말이 될지 모르겠습니다만 이왕이면 우주인천사?이 주는 복과 하나님께서 주는 복을 함께 누렸으면 해요. 저 혼자만 알기엔 넘 우주인적的인 것 같아서 공유합니다. ㅋㄷㅋㄷ

해마다 세계 어디선가에는 가전家電쇼를 성대히 한답니다. 내로라하는 각 나라의 가전 일류회사들이 집결되어 신상품과 차세대 상품들을 내어놓고 경쟁을 하지요. 이번엔 3D, LCD^LED?가 주류네요. 그러면 한국에서는 간판회사가 정해지지요. 일본도 변함없이 SONY와 Panasonic, Hitachi, SHARP, TOSHIBA들이 출품하지요.

각 나라의 TV마이크가 왔다 갔다 하며 취재를 합니다. 우리나라의 제품들이 10여 년 전과 비교하면 정말로 괄목상대하지요. 너무 자랑스럽습니다. 뿌듯합니다. 여기서 채널을 돌려야 하는 건데…. 일본의 여기자가 한국 해외법인의 가전사장에게 "왜 한국제품이 인기가 있나요?"라고 묻습니다. (물론, 영어인터뷰) 그러자 판에 박힌 대답을 합니다. "차별화… 신속대응…"

그의 표정은 낙제점이지만(거드름 피우는 표정… 정말 못 봐주겠습니다) 그냥 지나치려 했지요. 근데… 그의 사족蛇足이 완존~히 깽판 만들었답니다. 잘난 척하며 거드름 표정에 양념으로 하는 말, "우리는 영원히 일등할 겁니다!" 맨 마지막 단어가 'forever'였지요. 그 영상을 본 일본인들은 속에서 울컥했을 겁니다. 아마도…. 일본에서 한국제 가전제품이 안 팔리는 이유 중에 하나지만요.

일본의 프로야구 게임에서 어느 선수가 히트를 쳐서 경기를 승리로 이끌었답니다. TV의 승리인터뷰에서 기고만장=오만방자, 잘난 척하며 상대팀을 무시한 선수의 한마디가 다음 날 연속된 같은 상대팀과의 경기에서 무참히 져버리게 만들었답니다. 왜요? 그 잘난 척한 한마디가 상대팀 선수의 승리에 대한 욕구에 불을 지펴버렸기 때문이죠.

우리나라는 똑똑한 이들이 참 많이 있습니다. 과도한 교육열 때문이지요. 영어도 잘한답니다. 기발한 아이디어도 많답니다. 즉, 지 자식 예쁘다고 기를 살려주는(?) 덕택에… 반대로, 예의가 추락한 식자識者 전문인가 이제는 각 회사에서 단체에서 리더를 하고 있지요. 치~ 옛날엔 동방예의지국이라 했거늘~~~

한국을 무조건 좋아하는 일본 아줌마들도 있지만, 일본을 무척 좋아하는 우리나라 젊은이들도 많지만… 상대적으로 일본을 무조건 싫어하는 사람들이 우리 측에 많은 것은 우리가 피해자라서 그렇지요. 지혜롭게 대처하지 못하고 표면적으로만 화내고 표현하면 할수록 양국은 멀어질 뿐입니다. 그들 일본인들도 점점 한국을 미워하는 국민들 숫자가 늘어나는 게 현실이지요. 사실 중국이나 몽고가 더욱 우리나라의 자존심을 팍팍 꺾는 못된 지배를 더 많이 했건만….

지금은 경영 일선에서 물러나 있습니다만, 거대기업인 TOYOTA의 사장이었던 쵸 후지오張富士夫 씨에게 "리더의 자질을 한마디로 나타내려면 무엇인가요?"라고 질문했을 때 "무사無私: 나를 억누르는 것"이라 하더이다. 그에게 또 다른 한 단어 질문을 합니다. "일의전심一意傳心: 오직 한 가지 일에만 온 마음을 기울임으로서 남기고 싶은 단어가 뭡니까?" 그의 답은 "정성誠: 마고도"랍니다. 음~~~

많은 한국의 리더가 있습니다. 넘 멋있는 리더가 있고, 있었습니다. 좋은 유산은 살려야 하는데… 자신들의 것은 비판을 심하게 하는 버릇이 있는 우리나라의 잘못된 지식인과 네티즌 때문에, 가려져 있는 그분들을 찾기가 참 어렵네요.

앞의 글 Ugly Korean(일본 삶과 나 7 참조)을 간단히 썼습니다. 벼락부자 된 아저씨, 급하게 성장된 회사의 리더들, 젊은 IT계 부자들… 돈은 인격을 만들지 못하는데… 품격 나부랭이가 되지 않으면 좋으련만….

호모 사피엔스Homo sapiens는 '지혜가 있는슬기/생각 사람'이라는 의미가 있답니다. 로뎅의 '생각하는 사람'! 아직까지도 그 조각 보고 감탄하던데… '난 생각한다, 고로 존재한다.cogito, ergo sum'라고 데카르트가 언급을 했지요. 그는 너무 생각해서리… 수학, 물리의 영역까지 침투해서 뚜껑 열리게 만드는 여러 수학 물리법칙도 만들어내었답니다. 근데, 난 생각이 그리 깊지 않은 모양입니다. 덜 떨어진 인간? 헤헤~ 그래서, 어디선가 문제가 발생하지요. 그게 장점이라는 사람도 있던데… ㅋㄷㅋㄷ 행동력이 뛰어나다. 진취적이다. 긍정적이다. 카튼서요. 왠 농담을 거칠게도…ㅋㅋ 그러나, 그 덕택에 언제나 상처가 남습니다. ㅎㅎ 아픈 만큼 성숙한다나….

제 나이 50초반 어느 날 머리카락이 하얀, 괴짜 일본거래처 사장당시 67세과 떡이 되도록 술을 한잔 했답니다. 그 '떡'의 와중에, 그 사장님의 취미가 골프와 고무술古武術이던 걸 정보를 통해서 알고 있던 터고… "아~ 나이 들어서 젊은이들 하는 무술은 안 되서 늙은古 무술 하시는구나."라고 내심 특유의 짧은 생각으로 이렇게 문제를 저질렀지요. ㅎㅎ 뺀질뺀질거리면서요. ㅋㅋ "사장님~ 나도 겔카주이소. 지도 과거에 오랜 기간 태권도 했지라~(사실 저는 태권도 2단의 경력을 가지고 있답니다. 군 시절엔 태권도 교관도 하고요… ㅎㅎ)"

그래서, 그 주 토요일 낮 12시에 술자리에 함께 있었던 게이샤芸者 1명과 히라이平井역에서 만나 도장으로 향했습니다.(대장 게이샤의 추천을 받았답니다) 에쿵~ 도장은 오래된 절의 외곽건물 빈 공간을 빌려서 사용하고 있는데, 무술수련생이라고 하는 아줌마가 두 명이 나와서 기다리고 있는 겁니다.

"엉? 혹시 그 문제의 신흥종교?" 또 짧은 생각이 맴돕니다. 그러면서, 그 사장님이 점심 먹으로 가잡니다. "점심 먹고 힘내서 무술 곌카주는건가? 으흐흐~" 내 특유의 별 짧은 생각이 맴돕니다.

다시 도장으로 왔습니다. 도복으로 갈아입고 각각 나타납니다. 모두 그럴듯합니다. 검은색 도복에 급에 따라 허리의 띠가 다릅니다. 저 혼자 구석에서 태권도식 몸 풀기를 하고 있는데, 어떤 배불뚝이 50대 중반 아저씨를 소개시켜 주면서 사범님이라 캅니다. "엥~ 배불뚝이 사범? ㅋㅋ" 별의별 짧은 생각과 망상과 환상(?)이 순간 지나갑니다.

자~ 이제 수련이 시작됩니다. 짧은 생각의 페널티가 엄습해 옵니다. 처음 준비운동부터가… 예사가 아닙니다. 태권도의 기본은 휠~ 넘어섭니다. 아까 그 아줌마들 넘 유연하게 잘합니다. 그다음은 더 골 때립니다. 전방낙법, 후방낙법, 이런! 잘못하다간 어깨 다치겠습니다~~~~ 아까 그 아줌마들 차암~ 잘 뒹굽니다. 벌써 이쪽저쪽에 타박상이… 에고~ 내 팔자여~~~ 저 아줌마들이 부럽습니다.

이제 오늘의 메인 이벤트 '호신술'입니다. 태권도 배울 때 급소는 어지간히 아는데… 이렇게 많은 급소를 Test라 카믄서 직접 쑤셔보기도 하고, 꺾어보기도 하고, 쪼아보기도 합니다. 진짜 아픈지 쪼께 버티다가 목 주위가 완전히 뻘개졌습니다. 함께 온 그 젊은 게이샤

일본의 고무술 (사진 출처: exfit.jp)

는 저쪽에서 나자빠졌구요… ㅋㅋ

　한 시간 정도 그 배불뚝이 사범의 특별(?)교육으로 욱신욱신합니다. 내 몸이 니사범 몸입니다. ㅋㄷㅋㄷ

　한 가지 좋은 점이 있습니다. 그 Test라는 것이 초보자인 저와 게이샤가 한 조組로 상대역을 하는 것인데, 무술 수련이라는 명분 덕택에 마음 놓고 게이샤와 대련하며 와이프에게 해야 할 분풀이들 다 했습니다. ㅋㅋ 다음 수련시간입니다. 억수로 깁니다. 대충 끝날 줄 알았는데… 후와~ 봉술입니다. 내 키만 한 봉을 하나씩 줍니다. 생각보다 많이 무겁습니다. 다들 잘 돌립니다. 프로입니다. 나와 게이샤는 난리입니다. 바닥에 부딪치고, 지 몸에 받치고… 떨어뜨리고… 테크닉이 없는지라 어깨에 무리가 갑니다. 손가락이 슬슬 마비가 됩니다. 봉술이 '뽕! 술酒~' 되어버렸습니다. 으흐흐~~~ 이럴 줄 알았으면 안 올긴데… 소개시켜 준 대장 게이샤가 밉습니다.

그냥 재밌다 카길래… 아~ 이노무 짧은 생각~~~

오후 1시 반부터 4시까지 중간휴식 십여 분, 약 2시간 반의 고무술古武術… 3주간의 시간이 지나도 으흐흐 했던 기억이 납니다. 육체적으론 원상복귀 했는데, 자꾸 생각이 납니다. "함 정식으로 배워볼까나~" 으흐흐~ 그 옛날 닌자忍者들이 쓰던 무술이라 카던데… 베리 센씨티브 하던데….

그날은 6시가 지나서, 동경 한국 쿠라부Club: 술집에 무슨 일이 났는 가? 우히히히~ 아카사카, 신주쿠의 술집 마마일본의 접대 전문 술집 여주인 들에게서 웬 전화가 자주 오는지… 술 한잔하러 오랍니다. 그녀들 의 불타나는 영업이지요.

저는 지갸를 모르겠는데… 지갸는 저를 자알 안답니다. 내는 지를 기억도 못 하는데 "통~ 모린다" 케도, "지는 안다꼬여~" 카믄서 전 화 안 끊고 버팁니다. 그 옛날 노란색 샬바 고무줄보다 훨~ 질김을 느낍니다. 크~ 도통 전화를 안 끊습니다. 아~ 질깁니다. "꼭 함 들 르이서~~~" 겨우 그 소리로 한 통화 끝내면, 또 연이어 "지사장님 ~~~~ 또 전화 받으시이쇼~~" ㅋㅋ

예전 일본의 버블경제가 끝날 즈음에도 그랬었는데, 요즘도 경 기가 비실비실 계속 낙하중인가 싶습니다. 호객용 전화랑 DM이 줄 기차게 들어옵니다. 또 갸들은 질기고 쫀득쫀득합니다. 물먹은 동 아줄임데이~ㅋㄷㅋㄷ 일본 경기도 시원찮은가 봅니다. 회사규모 가 작아서 경비가 적은 저까정 이렇게 꼬드기니… 츠암~

아항! 울 영업사원의 목소리가 애절하다 못해 애잔하게까지 들 립니다. 한국회사라고, 일본에선 이름 모르는 회사라꼬, 어설픈 일 본어이기에… 상대 거래처 담당자가 전화를 팍! 팍! 끊는 모양입니 다. 에쿠~ 울 자슥~ 모든 영업담당자에게 "쾌지나 칭칭 나~ 네" 해주고 싶습니다. 그 옛날 김상국이라는 가수가 이 노래만 부르면

흥이 났었답니다. 우째 그리 가사 한 구절 한 구절이 재밌던지 웃음이 절로 났었지요. 함 들어보실랍니껴???ㅋㅋㅋ 유투브Youtube에서 '쾌지나 칭칭 나네' 두드리면 튀어나오지라~

　영업이란 회사의 꽃이라 불리면서도 이렇게 힘든 과정이 있답니다. 술집의 마마나, 울 회사의 첨병 영업직원이나… 그날은 울 영업첨병들을 데리고 한잔 꺾었습니다~ 그들에게 노란색 샅바 고무줄과 물먹은 동아줄 같은 영업 노하우를 전수하기 위해서요~~~
ㅋㅋ

어느 회사에도 존재한다는 하향 1/3에 해당되는 사람들이 있지요. (상향: 꼭 필요한 사람 1/3, 중: 있어도 되고 없어도 된다는 1/3, 하향: 꼭 필요 없는 1/3) 마~ 가만히 있으면 그게 도와주는 것인데, 일반론을 들먹이며 꼽사리 껴서 쪼~게 사회경력이 길고, 하는 말이 억수로 재미없는 무식한 이들… 본인의 존재가치를 어드바이스라 생각하며 땀 안 흘리고 궁시렁만거리는 이들… 그라면서, 위만 보고 밑은 챙겨주는 것처럼 생색내는 허~참들… 능력은 딸리고, 노력은 않고, 기득권만을 주장하는 덜떨어진 그들… 겸손의 비밀은 어디서 들어선지 알아서, 그 겸손의 가면을 쓰고, 군림하고자 하는 치졸들… 마~ 마~ 총체적으로 보면 '모타리 작은 넘놈'이지요.

1/3의 갸~들의 자리 유지의 희생양인 우리들은 발 끄집혀 끌려다니며… 맨땅에 헤딩하다가 즉, 개울 치다가 가재한테 물리고, 누이는 좋을듯 한데 매부한테 얻어맞고, 기부금 내고 매국노로 몰리고… 요~씨!^{일본어로 기압을 넣는 감탄사} 총체적으로 보면 몹쓸 인간^{모타리 작은 놈} 때문에 '뺑뺑이 도는 전사'지요. 즉! 앵벌이! 오늘도 그 앵벌이 전사들 우쯔노미야^{宇都宮}로 출동 되겠삼~ 전사들은 출병이 제일 재미있답니다. 입이 필요 없거든요. 헤헤헤~~~ 그리고, 싸우고 난 결과가 너무 표가 잘 나거들랑요.

아~ 시간이 없네요… 신칸센^{한국의 KTX} 타야 되요… 갔다 와서 다시 올리겠삼~~~(여기까정 영업 출발 전 어느 날)

뿅~!!! 갔다 왔삼~ 내 자리에 앉았삼~ ㅋㅋㅋ(여기부터 앵벌이 복귀한 날)

그 일본 고객사인 도매상의 상무가 그달 말로 퇴직을 한답니다. 만 62세인데… 제가 "앞으로 뭐 하실거냐."고 물었습니다. 그의 대답 왈… 하앙~ 기가 막힙니다. ㅋㅋ 그가 옛날 읽은 책이 있는데, 그 책의 주인공처럼 세계여행을 하겠답니다. 2년간은, 일본 국내의 산을 타는 여행을 하여 몸을 튼실하게 만들어서… 2년 후인 64세 때엔, 세계를 향하여 출발하겠답니다. 러시아 동쪽의 '블라디보스토크'나 '파브로브스크'에서 시베리아 기차를 타고 유럽으로 들어갈 거랍니다. 그라고 앗싸싸!!! 계속 돌 거랍니다. 어휴~ 이 양반!!! 카메라 메고 다닐 거니 나중에 사진 보여주기로 하고, 지금은 없지만 블로그도 개설해서 정보 교환하기로 했습니다. 저의 꿈을 그가 먼저 행하고 있기에 내심 부럽고, "센빠이 요로시구~~~네~^{선배님 잘 부탁합}니다" 했습니다. ㅎㅎㅎ

역시 모타리 작은 넘들하고 노는 게 틀립니다. 왕년에 나처럼 뺑뺑이를 무척 돌았다고 합니다. 가족을 팽개치도록 맨땅에 헤딩 많이 했답니다. 그래서 그런지, 참 온유한 얼굴입니다. 관록이 있어 멋있습니다. '로망스 그레이'의 흰 머리카락이 왠지 섹시하게 보입디다~ 헤헤~

전사戰士들은 의외로 참 예쁜 꿈이 있답니다. 즉, 인생의 목적이나 즐기고 기뻐하는 방법을 진실되게 아는 것 같습니다. 그리고 그들은 그 꿈을 본인의 힘으로 선명하게 만들 수 있습니다. 왜냐하면…요~ 왕년에 맨땅에 헤딩을 배~미'얼마나'의 경상도 사투리 ㅎㅎ 많이

했는감요~우히히히~~ 맺는말로 '세끼구찌^{關口}'사의 '후쿠다 카즈

오^{福田 和夫}' 상무님~~ 인생 센빠이^{先輩}로서 존경합니데~ 이~ ㅎㅎ

ㅎ(이크! 일본인 존경한다면 친일파로 매도되려나? ㅋㅋ)

경기競技나 시험試驗이나, 사업事業이나 연구研究나… 그들을 위해 응원을 하면 그 응원의 힘을 받는 선수나 당사자는 자기도 모르는 그 이상의 힘을 발휘하게 되고… 그 결과에 놀래고… 자신도 모르는 힘 주심에, 감사의 눈물을 흘리게 되는 것을 가끔 봅니다.

절대적인 힘이… 눈에 안 보이는 힘이… 다니엘 예언자가 말했던 것, "O Lord, listen! O Lord, forgive! O Lord, hear and act!"처럼 보이지 않는 절대자가 Act하고 계시는 것임을 느낍니다….

한국에서 2002년 월드컵을 일본과 공동개최를 했을 때 한국은 역대 최고의 4강에까지 갔었고, 일본은 16강의 좋은 성적을 거뒀지요. 이는 인간의 응원으로, Act힘가 있음을 증명하는 것임을 믿게 됩니다. '소돔과 고모라' 시절 말씀엔… 한 명이라도 의인믿는자이 있으면 망하게 하지 않으신다고 하셨으니 의인이 계시고, 그분들이 응원해 주시면 참 힘이 될 건데….

2010년 뜨거웠던 캐나다의 벤쿠버 동계올림픽… 어따~ 피겨 스케이팅…ㅎㅎ 김연아가 울고, 일본의 아사다 마오가 울고… 했습니다. 그녀들의 인터뷰를 들으면, 기쁨과 애석함의 눈물보다 자신들의 몸에 또 다른 힘이 작용하고 있음에, 그 힘이 그녀들을 움직이고 있음에… 또한 어떨 땐 올리고, 어떨 땐 내리기도 하고 있음을 느끼기에… 그것을 표현하기엔 그녀들의 영靈이 답답하기에… 흘린 눈물이 아닌지 생각이 듭니다.

하루하루가 지나가고, 추억이 겹쳐지고, 경험이 늘어나선지…
그 힘이 점점 더 느껴지게 되네요. 가까이 있음을 느낍니다. 쉐암지
의 색깔이 검은색보다 흰색이 많아져서 그런가? ㅎㅎ

쉴 수 있는 토요일입니다. 주일의 전날이지요. 그러니, 혼자서
마음껏 느끼고 싶네요. 두 팔 벌리고 느끼고 싶네요. 동경의 겨울비
가 상큼해서 그런지 더욱 그 느낌이 좋네요.

언제고, 힘이 들 때에 한국에 있는 가족과 친구와 목사님께… 응
원의 기도를 부탁한 적이 있습니다. 또 부탁 받은 분들이 성심성의
껏 해주겠다고 약속도 해주셨지요. 덕택에 아직도 이렇게 살아 꿈
틀대고 때에 따라 푸다닥거리고 있고요. ㅎㅎ 눈에 안 보이는 힘
Acts… 안 보여서 도리어 감사하는 힘Acts… 그 힘Acts을 느끼고 싶은
토요일…입니다.

Soft Bank사의 사장 손정의孫正義 씨와 SONY사의 명예회장인 오오가 노리오大賀典雄 씨와의 대담을 책으로 출판한 『감성의 승리』(한국에서는 출판이 안 되었답니다)의 내용 중에 손정의 씨의 아버지가 손정의 씨가 어릴 때 엄청나게 칭찬을 많이 하였다네요. 그 덕택에 손정의 자신이 자유로운 아이디어 발상이 가능하게 되었다고 합니다. 그래서 오늘의 'Soft Bank'가 된 것이라고 자평한 내용이 있었습니다.

'말'이란, 특히 순수한 마음을 가진 순진한 사람에게는 직격탄적인 효과가 있답니다. 자식을 교육시켜 보면 말의 능력이 대단함을 느낍니다. 그래서 아낌없이, 넘치게 칭찬을 하라는 것이지요. 일본의 일상생활에서도 간간이 비슷한 말이 들릴 때가 있답니다.

"言葉は力になり 고도바와 찌까라니 나리"

직역하면, 글 제목과 같은 "말은 힘이 되고…"랍니다.

우린 기적을 위해서라면, 뭔가 귀한 것이 꼭꼭 감추어져 있는 것 같아서, 힘들여서 찾아야 하는 것이고, 비싼 대가를 지불해서 얻는 것이라 생각하곤 하지요. 그런데, 말씀에서는… 기적은 '말'로써 그냥 쉽게 일어나는 것이네요. 기적을 일으키기 위해서 으랏차차! 괴성을 지르고 난리법석을 안 떨더라고요. ㅎㅎㅎ 그리곤, 나중에 기적이란 "네 믿음대로 될지어다!"란 의미를 뜻하는 걸 깨닫게 되지요.

로또를 본인의 지식과 경험으로 맞추는 사람의 말을 들은 적이 있습니다. 결론적으로 말하면 "당첨된다는 것을 믿으세요!"라고 하더군요. 음~ 마음은 그렇게 했답니다. 일본TV에서 연말연시 때 자주 볼 수 있는 희귀한 초능력을 가진 사람들을 보여주는 프로그램에서도 그 능력을 가진 사람들은 '된다는 믿음'을 꼭 말하는 것을 봅니다. 말을 그대로 믿으라는 것이지요.

우리 사람은 열역학 제2법칙 속에 살고 있답니다. '엔트로피 증가의 법칙'이지요. 즉, 가만히 내버려 두면 자연물은 점점 안정(?)을 찾아 혼돈과 무질서 상태로 이동하지요. 유리컵이 그대로 두면 몇천 년 뒤에는 흙으로 돌아가듯이…안정화된 모습으로 이동하는 것을 말합니다. 인간이 흙으로 돌아가는 것도 마찬가지랍니다.

그래서 우리 인간은 가만히 내버려 두면 점점 퇴화한다는 것이지요. 마음은 무질서가 되고, 부정적이 되고, 비관적이 되고, 나태해지는 것이랍니다. 이는 자연적이라 할 수 있지요. 인간은 근세에 들어와 문명적으로 엄청나게 발전한 것으로 알고 있지요. 또한 많은 정보와 지식을 가지고 있다고 하지요. 이렇게 문명과 문화가 발전했다는데, 범죄와 사고는 갈수록 늘어나고 전쟁과 반목은 사라지고 있지 않답니다.

결과적으로 보면, 현세의 인간인 우리들의 대부분은 기술적으론 발전했다지만, 마음은 점점 퇴화된 희귀종이 되어가고 있답니다…. 자기가 사는 환경이 썩어가고, 황폐해져, 그 결과 기후가 변해도 지금의 대다수 인간은 겉치레적인 만족에 쏠려 있습니다. 먼 미래의 인간은 너무 무질서하고 부정적으로 되어서 심적으로도 안

정치 못하고 비참한 모습이 되어있을 것 같습니다. 열역학 제2법칙의 무질서가 계속 커진다면 말이죠. 그렇게 느낀답니다….

"言葉は力になり ,,, 고도바와 찌까라니 나리: 말은 힘이 되고…" 이는 결국 우리가 쓰는 '말' 때문이지 않은가 싶습니다. 이 입을 통해서 나오는 말이, 우리 인간의 마음을 혼돈케 하고, 더욱이 방송을 타서 온 나라 구석구석으로 퍼질 뿐만 아니라 이제는 인터넷을 타서 WWW World Wide Web, 말 그대로 전 세계를 오염시키고 다니지요. 그 말에 마음을 빼앗겨 부화뇌동하는 인간은 데모를 하고, 테러를 하고, 기반이 연약한 지도자들은 전쟁을 일으키고, 그것도 하지 못하게 되면 스스로 자폭하기도 하고…

해마다 '말이 진정한 힘이 되는 해'가 되었으면 합니다. 좋은 말, 칭찬하는 말, 위로하는 말, 평강平康 주는 말만 하였으면 합니다. 그래서 모두가 감동하는 해들만 있었으면 합니다. 오늘 이렇게 기도하며 시작하고 싶네요….

나는 메모하는 습관이 있답니다. 길을 걷다가도, 서로 이야기를 나누다가도, 꿈을 꾸다가 깨더라도, 술을 마시다가도… 뭔가 느껴지면 후다다닥 메모한답니다. 이런 습관의 원인은 기억력이 그리 좋지 못하다는 스스로의 판단 때문이지요. ㅎㅎ

근데, 문제가 있었답니다. 이 메모를 적은 것이 어디에 처박혀 있는지… ㅋㅋㅋ 주로는 노트를 가지고 다니기에 적지만… 엄지손가락 부러지고부턴가… 언제부턴가 지금은 많은 것을 나의 i-Phone에 입력시키고 있어요. IT시대인가봐요…. 그래도 분량이 많을 것이라고 예상된다거나, 책을 읽으면서 중요한 것을 적을 때는 아무래도 노트를 사용하게 되네요. 그러니 아직까지 통일통합이 안 되고 있는 현실이지요. ㅋㅋ

최근 재미있는 것을 발견했지요. i-Phone과 Outlook의 Memo가 동기화되는 것을 알았답니다. 그러니까 이제는 지워지는 불안도 없고, 어디다 적어도 병합이 되니까… 헤헤~ 문명의 이기利器를 누리고 있답니다.

요즘요~ 이 메모들이 상당히 나의 업무에 도움을 준답니다. Presentation자료를 만들 때나, 발표를 할 때 구사해야 할 단어를 찾거나… 직원들에게 설명할 때나 고객을 설득할 때, 아주 요긴하게 쓰고 있답니다. 물론 글 쓸 때도요~~ 그러니 이 메모는 나에게는 보물寶物상자 같은 것이지요.

일본 동경지하철 역 중에 다까라쬬宝町라는 역이 있는데 역 이름만 보면 뭔가 보물 같은 것이 있는 듯한데 '전혀'랍니다. 아주 평범한 역인지라 언제나 지나칠 땐 그 이름에 의아하게 생각했더랍니다. 아마도 '평범한 뭔가가 보물'이라는 것을 가르치는 게 아닐까요? 이제사 글로 적지만… 후후~

메모라는 것도 그런 것 같아요. 평상시엔 아주 평범한 글의 조각에 불과한데, 이 글 조각이 어떤 순간이나 장소, 환경에 따라 다이아몬드처럼, 금처럼 빛을 발한다는 것이지요. 다까라쬬宝町라는 역 이름이 이제사 글로 쓰이는 것처럼요~

우리 사람들도 그런 것 같아요. 지금은 지극히 평범하게 세상의 한 일원으로 지내고 있지만 언제고 때가 되면… 글 조각 메모처럼, '다까로쬬' 역 이름처럼 금, 다이아몬드의 빛을 내는 보물이 된다는 것을요~~~

30년 전 와세다 대학원 시절1989년~1991년 2월에 잠시 콧수염만 기른 적
이 있지요. 너무 늙어 보여서 그런지 수위아저씨가 경례를 하고, 학
부학생들이 인사를 하기에… 그리고, 교수님들까지도 인사를 하기
에…ㅋㅋ 마~ 오해와 곡해를 할까 싶어서 6개월도 못 버티고 다시
쏵~ 밀었지라~ ㅎㅎ

몇 년 전부터 스스로가 그간 자부심을 가져왔던 동안童顔이 아니
라는 것을 깨달았답니다. 머리카락이 흰색으로 몰아쳐 나기에 그러
려니 했는데, 아들 왈 엄마랑 작당을 했는지… 이노무시끼~ 아빠
가 친구 아빠들보다 더 늙어 보인다나? 이렇게 가족의 꿍꿍이 추천
으로 억지로 '로망스 그레이거무스름한 색깔' 염색을 하게 되었답니다.
그래도 피부로는 아직은 내가 뺀질뺀질하니 No Problem이라고 촐
랑대며 삶을 자알~ 영위하며
지내고 있었답니다.

최근에 일본 어느 술집에 저
보다 나이도 많고, 높으신 분을
모시고 들어가는데… 마마부터
어린 술집 여직원들까지 함께
간 높으신 분은 무시하고 글쎄
나에게 허리 숙여 먼저 인사를
하는 겁니다. 도대체 이 언니들

닛케이(日經: 일본 경제신문) MJ(Marketing
Journal)신문의 1편 표지에 실림

눈이 어떻게 된건지… 에잉!

한편 그 높은 분은 당황한 저를 보고 이왕 그렇게 보이는 걸 어쩌냐며 도리어 '멋진 괴짜Nice Geek'가 되어 보라고 강력히 추천하십니다. ㅎㅎ 어찌 아시고… 안 그래도 '괴짜Geek'를 갈망했었고, 내 스탈이야~인데… 바로 마음속으로 Call! 을 불렀습니다.

자~ 그럼 이제 어떻게 괴짜가 되나? 고심에 빠졌답니다. 뇌腦는 '핑크색'이라고 하니 괴짜가 되었고, 마음은 '라틴계'라고 하니 이 또한 Call이 된 상태이고, 이제는 외관만 남았는데… 음~ 그렇타!!! '쉐암지'다! ㅋㅋㅋ

그래서 젊게 보이는 것 잠시 접기로 했습니다. 매력 있는 중견사 나이로 이미지 체인지 하렵니다. 해군 장교로 제대 후에 외항선 선장으로 계셨던 울 아버님이 왕년에 수염 길렀었지요. 그리고 파이프담배를 피우셨지요. 머릿속에서 그 모습이 뭉게뭉게 떠오르는 것 있죠? ㅋㄷㅋㄷ

이 사고思考 이후 저의 쉐암지(?)가 자유방만 무사태평이 되었습니다. 큭~ 하루 0.2~0.3mm씩 늘어나기 시작했습니다. 듬성듬성하고 양이 부족합니다. 휴일이 끝나고 다음 주 월요일 출근했는데… 아들이 웃습니다. 요로콤 쉐암지 첫날출근은 2010년 1월 25일로 기록되었습니다. ^^ 이로부터 3~4년간, 2013년 말까지 수염은 저의 Trade Mark가 되었답니다. ㅎㅎ

환경이 많이 오염되었다는 것을 느낍니다. 어릴 땐 고드름도 따먹었고, 장독대에 고여있는 빗물도 마셨고… 겨울 개울가의 얼음을 깨어서 오드득 오드득 과자처럼 먹었었는데…

지금 시베리아에선 Dry Thunder가 내린답니다. 비가 내리지 않는데 번개가 치는 것이지요. 그 때문에 건조한 삼림의 화재가 끊임없이 일어나고 있답니다. 지구가 아프고 뜨겁답니다. 땅이 가만히 있지 않을 것 같습니다…. 이를 우짭니까?

러시아에선 헬리콥터 소방대원이 삼림화재 진압에 투입됩니다. 그들은 불이 이동하는 방향에서 상당한 거리를 두고 방어용 호^{30~40}센티 폭의 구덩이를 판 후 화재가 난 쪽으로 새롭게 불을 지펴서 불로써 화재를 진압공격하지요. 그러면 한 번 탄 곳이기에 불이 구덩이를 넘어오지 못하는 것이지요.

그런데, 문제는 그 화재 범위가 너무 넓은 데다가 오랫동안 불이 타오르면서… 세상에~ 불이 땅속을 통해서 나무뿌리로 들어가는 해괴한 현상이 생기면 속수무책이 되지요. 이를 땅속 불^{地中火}, 나무 속 불^{木內火}이라 해서 겉에선 불꽃이 보이지 않기에 대책을 강구 못하는 것이지요. 이런~~~

안 보이는 ^적땅속 불, 나무속 불과 싸우는 소방대원들은 밤낮없이 열악한 장비와 보급으로 각각의 부대끼리 서로 도우며 단순한 '맨땅의 헤딩'식의 방법으로 방어용 구덩이를 열심히 팝니다. 해야 할 일의 끝이 전혀 보이지 않습니다. 지원부대가 와서 합세합니다만… 그래도 전혀 끝이 안 보입니다. 실로 불가능해 보이는 행위지만 그들은 뭔가의 자부심을 가지고 땀을 뻘뻘 흘리며 계속 합니다. 일본인 저널리스트가 러시아 소방대원에게 마이크를 갖다 댑니다.

"왜 불가능한 걸 알면서 하지요?"
"이 일이 좋아서 한답니다. 보람이 있고요….”

보람? 불이 꺼지질 않는데? 진압 실패잖아? 라고 되묻고 싶은데….

삽질의 끝은 까마득히 안 보이고, 그들의 근육이 피로해합니다. 매일 똑같은 통조림으로 끼니를 때우고, 가족을 못 본 지도 오래됩니다. 지원부대까지 모두가 넋이 빠질 정도가 되었지요. 어깨가 떨어지고… 머리가 무겁습니다….

그때요~ 하늘에서 비가 내립니다. 한순간에 게임 쎗입니다. 그들에게서 당연한 듯한 미소가 흐릅니다. 그들이 불가능에 도전한 이유는 바로 그것이었답니다. 하늘이 그들의 진실을 보고 감동해주시기를 기다린 겁니다. 그것이 그들의 '보람'이라네요. 그들은 뭔가를 느끼고 있다는 겁니다…. 그러기에 불가능이라 보여도 희망을 가지고 계속해야 된답니다….

친구에게서 배운 그림. 제목:시골 풍경

'화룡점정畵龍點睛'이라는 사자성어는 어릴 적부터 들어 왔었지라. 가끔 여느 분들이 인용도 해서, 뜻도 대충 잘 알고 있지라. 용龍의 그림에 맨 나중에 눈睛을 찍어서 생명을 불어넣는 것처럼, 중요한 사안을 맨 마지막에 남겨두고 행하는 것을 의미한다고 배웠지요. 지혜자일본 유일의 과자잡지인 Food News사의 마스야마(益山)사장님가 말씀해 주셨삼~

"너는 일본 사람의 마음에 점 찍는 사람이 되었으면 참 좋겠다. 너는 그런 능력이 있다."

헉! 윽! 엥? 중이 자기머리 못 깎는다고 나 자신을 제대로 못 보고 있지 않았는가?

지혜자의 말씀을 '사자성어'화 해보았답니다. '畵心點玎화심점정' 즉, 마음에 옥소리 같은 점을 꾸욱! 찍는 것이지요. 그 당시는 제가 일본에 온 지 20여 년이 되었으니 이제는 그만 조잘조잘대고… 일본 사람의 마음에 '옥소리같이 남길 수 있는 점'을 찍을 일을 하자!

저의 몸이 작은 것은, 인생을 힘으로 설치지 못하게 하기 위함이며, 제가 대학에서 기계를 배운 건 설계계획를 잘 세울 수 있게 하기 위함이며, 마케팅을 일본에서 배우게 하신 건 전략적이며 전술적인 사람이 되기 위함이며, 그간의 많은 고난이 지나간 것은 그 힘들을 직접 몸소 느끼게 하기 위함이며, 쉐암지나 머리털이 희게 센 것은 상대로 하여금 관록을 눈으로 느끼게 하기 위함이며, 현재 직책

과 직위를 가진 건 이畵心點玎^{화심점정}을 행하라는 것이거늘… 결국

은 마음에 점찍으라는 것임에… 이게 나의 일業인가 봅니다.

일본에 있을 적엔 큰 명절이 되면 한국에 들어간답니다. 그간 떨어진 가족, 친척, 형제자매들이 모이고… 모일 때마다 각각의 사람들이 옆에 한 사람을 더 데리고… ㅋㅋ 머릿수가 늘어남을 봅니다. 배필 될 사람이지요.

배필짝지을配, 마리匹, 참 오랜만에 써보는 단어네요. 성경 말씀에 따르면 '남자가 혼자 사는 것이 좋지 아니하여 돕는 배필을 주셔서…' 참으로 중요하고 귀중하고 고귀한 '여자'라는 존재가 생겼답니다. 그래서 그런지, 찾으려 하면 어디에도 배필이 될 만한 사람이 있는가 봅니다. 그것도 그런 게 인간의 반이 여자니… ㅎ

먼 과거 얘기지만, 대학시절 서클활동을 할 때에도 어느 여학생이 그런 배필 역할을 했으며, 신입사원 때 사회에 익숙지 못했을 때도 도와준 누나 같은 여직원이 있었으며, 결혼 후엔 진짜 배필이 가정에 진 치고 나를 휘잡고 있으며, 일본지사 때에도 사내에 시어머니같이 볶고 감싸는 무시무시한 여직원이 있으며… ㅋㅋ 우쨌던 배필 없인 똑바로 되는 게 하나도 없지라~~~ ㅋㅋㅋ

돕는 배필과 지혜로운 배필은 같은 것 아닌가 싶네요. 일본엔 남자를 팍팍 밀어주는 여자를 일컫는 '아게만あげまん: 上げまん'이라는 단어가 있습니다. 남성의 운기運氣를 올려서, 지금보다 행운을 불러오게 하는 여자를 의미하지요. 그 반대의 여자 '사게만さげまん: 下げまん'은 운기가 내려가 불운하게 만드는 여자를 일컫지요.

설을 맞이해서 함께 보이는 사람들이 늘어나기에 한마디 던집
니다. 성경 말씀에서는 남자는 각각에 그 이름 붙이는 능력이 있어
야 하고⋯ 여자는 그것을 도와주고 키워주는 포근한 능력이 있어야
한다는데⋯ 그 모습들이 우리가 말하는 '아름답다'가 아닌가 싶네
요. 우~ 춥으라~ 하루가 저물어 갑니다. 저~ 이름 붙이는 역할을
아직 다 못 해서 퇴근 못 하고 있습니다. 좀 더 머리를 때굴때굴 굴
려야 할 것 같네요. 이럴 땐 돕는 배필 같은 존재가 필요합니다. ㅋ
ㅋ 일본 법인장 시절의 그 역할을 했던 이와사끼와 가또^{무시무시한 여직}
^{원들임} 그녀들은 토요일이고 일요일이고 가릴 것 없이 회사에 출근해
서 나보다도 회사를 돕는 배필로서 열심히 활동하고 있을 겁니다.
ㅎㅎ

니시다니 야스히도西谷泰人는 손금일본에선 手相 해석으로는 일본 최고를 자랑한답니다. 전 클린턴 미국 대통령, 엘리자베스 영국 여왕 등 저명인사들까지 포함해서 6만 명의 손금을 봤다고 합니다. 물론, 사진 등으로 사실 확인이 되고 일본 TV방송에도 가끔씩 등장하지요.

최근 TV프로에 그가 나와서 유명 연예인들의 손금을 그 자리에서 설명하는 것을 보았답니다. 그는 손금은 통계학이라고 하며 타이거 우즈의 왼손 손금에서 화살 끝矢先처럼 갈라지는 모양을 가리키며 바람끼를 설명합니다. 엉! 나도 같은 선이 있는데… ㅎㅎ 또한 아즈마東라는 개그맨은 왼손 약지와 새끼손가락 밑의 부분에 7선이 보여서 여러 군데에서 돈이 들어온다고 합디다. 엉! 나도 있는데… ㅎㅎ

이 TV프로그램의 오너인 유명한 코미디언 시무라 겐志村けん의 오른손이 일자로 쭉~그인 막손금은 50명에 한 명 정도의 확률로 나오는 손금이라며 자기의 분야에서 특이한 발상으로 성공한다는 손금이래요. 엉~ 나 오른손 손금은 막손금인데… 내 아들은 왼손 손금이 막손금인데…. 그러나 이 손금쟁이가 덧붙입니다. 열심히 하지 않으면 도리어 '헨진'変人=헨테꼬ヘンテコ: 또라이, 괴짜)으로 취급받고 외롭게 인생을 마감할 수도 있다고…. 아~아~

가만 가만 좀 생각해 보삼~ 나 헨진괴짜, Geek 아닌가? ㅋㅋ 하고 싶은 것이 너무 많은 것도 그렇고… 욕심도 넘 많고, 이 책에도 별명의 유래를 적었지만 나보고 '핑크색 뇌를 가진 라틴계 한국인'이라고 하던데, 혹시 나 진짜로 또라이? (일본 삶과 나 3: 핑크색의 뇌를 가진 라틴계의 한국인 참조)

글 쓰고, 기타와 피아노 연주, 드럼, 골프, 승마, 스키… 기쁨과 즐거움을 만끽하려고 못 하는 것이 없고… 신상품 론칭, 일본지사의 지속성장, 그룹 발전, 세계적 활동 등으로 만족을 얻으려 홍길동처럼 동에서 서로 뻗쩍뻗쩍하고 있고… 성경, 하나님, 천국, 지혜를 통한 평강과 행복을 위해서 엎드리고 궁딩이 쳐들고 기도하고 있고…. 막손금은 더욱 미치고 빠져야 후회하지 않는다는데….

어제부터 오늘 연이어 비 오는 동경… 아침부터 계속 푸다닥대서 그런지 좀 띵~하네요. 또라이헨진=괴짜근성이 솔~솔~나타나는가 봐요. ㅎㅎㅎ

우리가 OEM으로 납품하는 제품에서 불만족스러운 점이 있답니다. 끈기 있게 잘 해결을 했는데, 거래처 일본회사의 책임자가 직접 얼굴 내밀고 사과하러 오랍니다. 일본의 제과회사 위에서 세 번째 회사의 상무가 요로콤 나를 부릅니다.

그간 우리가 할 만큼의 정성을 다하였고, 예의도 어긋나지 않게 최선을 다했건만 영~ 하청업체 취급을 하기에 "예의 바르게 초대치 않으면 못 간다!"고 튕기다가 부하직원 담당 팀장이 자기 얼굴 세워달라고 하~도 조르기에 질질 끌려갔답니다. 아침부터 신칸센 타고… ㅎㅎ

그래서, 특별한 분장을 했답니다. 패션양복 즉, 검은 바탕에 흰 줄무늬가 또렷이 보이는 스트라이프 양복을 장착한 후 향수를 머리 위에서 분사해서 살짝 덮어 향기를 풍기고, 일본 최고의 화장품 회사 시세이도資生堂의 'Tactics'라는 헤어스틱으로 머리카락을 잠재우고, 구두는 진한 브라운색의 반부츠로 빤질빤질 닦아 신고, 또 일본 최고의 치약회사인 '산스타'의 'Ora2'로 입 냄새를 '캄푸라쥬' 해서리 출동했지라~

'이노무 시끼! 다리 짧은 날 오라 가라 해?' 속으로 이렇게 뇌까리면서 약 3시간 걸려 오사카에 도착해서 회의실에서 기다렸답니다. 근데… 무더기로 거대한 체구를 가진 4명이 등장합니다. 상무, 부장, 매니저, 담당과장이 나타나는데… 나~ 참~ 다들 너무 착한 얼굴을 하고 방글방글 웃는 겁니다. 속으로 '아이~ 씨~ 상상하고 틀리쟌뉴~' 하며 나도 방실방실 쪼개고 독하지 않은 삼삼한 향수와 분위기를 살살 날렸지요. 지금 저는 이 회사의 직원신분으로 일본과 한국의 Joint Venture 회사의 책임자가 되어 근무하고 있답니다. 참 희한한 운명이지요… ^^

갸들이 얘기하네요. "수염이 참 어울리네요~ ㅋㅋ" 내가 대답했습니다. "아~ 예~ 한 4개월 키웠지라~" 이렇게 시작한 수염 얘기가 전체 회의의 80%를 차지하고, 나머지 20%가 앞으로의 스케줄과 신규주문 얘기로 끝났답니다.

업무내용은 파악되었지만 돌변할 사태가 예측이 안 되설라무네… 사실 어제 저녁부터 오늘 회의가 걱정되어 기도를 했더랍니다. 나로선 우리 일본지사가 최대한 정성껏 대응을 해왔기에 이제는 하나님께 맡길 것밖에 없고… 너무 비굴하게 거래를 하는 것이 한국 과자회사의 일본책임자로선 자존심이 허락지 않아 이제까지 '뺀돌뺀돌' 해왔지만… 마음 한 구석엔 찝찝했거들랑요~ ㅋㅋ

근데, 모든 게 한꺼번에 잘 해결되었답니다. 우히히~ 수염이 날 살려주네요. 회의 마치고 바로 신칸센 타고 돌아와 넘 기뻐서 이렇게 글을 적었답니다. 그리고 외쳤지요 "하나님 아부지~ 기도 들어줘서 감사하무니데이~"

되도록이면 책임자는 빨리 퇴근해야 합니다. 아직도 일본 직원들은 상사 눈치를 많이 보지요. 직원 중에 갓 결혼한 대리가 있어서 내가 빨리 퇴근해 줘야 갸대리도 퇴근해서 신혼생활 금이 안 가도록 해야 한다고… 함께 오사카 출장 간 갸대리의 상사인 영업과장이 어드바이스해서랍니다. 그래! 사라진다고요~ ㅋㄷㅋㄷ

2010년도 남아공 월드컵 때 일본도 대단했답니다. 시부야는 더욱 시끄러웠답니다. 글씨~ 일본이 카메룬과 덴마크를 꿀꺽했던 것이 지요. ㅎㅎ 일본 자국의 언론조차도 자기네 팀이 질 것 같다고 예상했는데도요. 오까다岡田 감독은 체력이 약한 일본으로는 전반전은 무승부나 1점 정도 내어주고 후반전에 만회를 해서 비기기만 해도 잘한 성적이라고… 사전의 구찌입戰略으로 연막을 살살 뿌렸었지요. 얼쑤! 했지만… (전략 7: 와세다早稲田대학과 메이지明治대학… 그 전략! 참조)

인간의 자만을 상징하는 일본의 괴물 탱구

우쨌던 일본은, 전반 해외파 혼다本田의 1-FW전략이 들어맞아 카메룬을 꺾고, 덴마크전에서는 기대 이상의 대량 득점을 하는 쾌거를 이루었지요. 오카다 감독의 전략 성공이라고 해도 과언이 아닐 정도로 선수들의 심리와 대전국가에 대한 '구찌겐세이口牽制: 입 견제전술'은 참으로 당당하게 보였답니다. 우리나라와 같이 '최초의 원정 16강 진출'에 어따~ 2010년 6~7월 텔레비전 볼만했습니다. 새롭게 출시한 과자도 여름철이지만 덕분에 잘 팔렸지요. 운이 나쁘면 뒤로 넘어져도 코가 깨어진다는데, 우리는 정반대였답니다. 매출이 하루가 다르게 계속 오르는 겁니다.

남아공에서 밤에 제대로 못 자면서, 우째 이겼을까이? 괴짜머리 또 굴렸답니다. ㅎㅎ 억측일지도 모르지만… 맷돌처럼 돌린 후 얻은 답은 '탱구 코 누르기 전략'이 먹혀들어 가지 않았나 싶네요. 2010년 일본팀엔 2002년 월드컵 때의 우리나라의 안정환 같은 실력도 출중하고, 해외파고, 프라이드 높고, 자칭 잘생겼다는 나까무라中村라는 스타플레이어가 있었답니다. 일본에선 이런 코 높은 인간을 '탱구'天狗: 모습은 사람을 닮았는데 얼굴이 붉고 코가 높으며 하늘을 난다는 괴물라고 부르지요.

나까무라는 이탈리아 프로리그에선 탁월한 실력을 발휘해서 우수선수상도 획득하고 대단했답니다. 문제는… 그는 2002년 월드컵 때는 프랑스인 트루시에 감독에게 찍혀서, 팀에 못 들어왔고, 2006년엔 브라질인 지코 감독에겐 실력을 인정받아 합류했지만, 발꼬락 부상과 열병(?)으로 도중하차를 했지라~ 2010년 월드컵에선 일본 국가대표팀에 발탁은 되었지만 오까다 감독이 그를 시합에 거의 출장을 안 시켰답니다. 그래서 이겼나? 싶네요… ㅎㅎ

이러한 탱구는 어느 나라 팀에든 있답니다. 가깝게는 카메룬 팀의 '티코'인지~ '에코'인지 '땡코'인지… '에투'란 선수가 유명세를 타고 타고~ 탱구가 되어… 우쨌던 카메룬은 지고, 일본은 결과적으로 이겼답니다.

히딩크 감독의 2002년 월드컵, 그 당시 '탱구'였던 안정환에 대한 교육은 어느 정도 유명하지요. 뛰어나지만 이 탱구 같은 성깔로

타 선수들과 잘 어울리지 않는 안정환 선수를 '코 누르기, 코 쪼으기, 코 자르기 전략'으로 잘 요리(?)해서 썼다지요. 결국은, 일본의 카메룬과 덴마크전에서의 승리는 선수 각각의 실력보다 화합의 능력으로 이긴 시합이 아니었나 싶네요. 그 히딩크 감독 시절의 코치였던 베트남 국가대표팀 감독인 박항서 감독도 그 노하우를 잘 쓰신 것 아닐까요.

재미있는 것 또 한 가지, 요노무 탱구가 외국에 가면 잘한답니다. 왜냐하면요, 고~ 싸가지 없는 선수가 말이 어찌 통~ 소통이 안 돼서리… 어학이 딸리고, 몸으로밖에 표현이 안되는 환경이 되었기에, 입 다물고 실력으로 팀워크가 발휘되어 이긴 것이지요. 결과적이지만….

회사나 조직사회에서도 마찬가지랍니다. 사내에서는 고노무 잘난 척 때문에 화합이 안되는 인간이 글씨~~~ ㅎㅎ 사외거래처나 외국 바이어에게는 실력을 발휘해서 매출을 팍팍 올리는 경우가 있으며, 유학생활에서도 자기나라 사람에게는 다른 사람을 무시하는 망할 '탱구병' 때문에 밉상 취급을 받는 학생이 웬걸~ 외국 학생들과는 의외로 잘 지내는 경우가 많지요. 그렇다고 해서 세상은 공평하다면 큰 오산인데… ㅋㅋ 이런 사람이 조직에서 잘 지내는 경우는 어떤 경우일까요? '공의righteousness'가 존재하고 '우선優先'하는 경우랍니다. 또한, 좋은 리더Mento를 만난 경우랍니다. 그리고 그 당사자의 마음에 진정! 조직의 화평을 원하는 '공의'righteousness가 있었기 때문이지요….

히~ 재미있는 연구 하나 마쳤답니다. 헤헤~

좀 심각한 얼굴을 한 어떤 일본 지인知人의 입에서 내게 들으란 듯이 '요즘 왜 이래 4四자가 눈에 잘 띄는가 모르겠다. 경고警告인가?' 하는 말이 나옵니다. 끄응~ 차 운전하다가 시계를 볼 때도, 언뜻 집에 걸린 시계를 볼 때도, 회사에서는 그다지 안 보지만 어쩌다 한 번 볼 때에도 4四자가 잘 보인다나?

우리나라 사람과 일본 사람에게는 사四자의 발음이 '죽을 死', 일본도 死를 '시し'로 발음하며 四넉 사와 동음同音이지요. 그래서 4자를 보면 불길하다고 하지요. 서양에서의 '13'이 그렇듯이… 언젠가 영화에서는 '23'이 그렇듯이…

언젠가 제가 시계를 보는데 12시 34분 XX초를 지나기에 "엥~ 조금만 더 지나면 56초가 되면 '123456'이다. 봉 잡았당~" 했지라~ 그래서 좀 더 기다리며 보고 있는데, 당연히 44초가 도중에 나타나지요. 우짜든동 '123456'을 보았답니다. ㅎㅎㅎ 그리고… 어쩌다가 4시 44분 44초를 보게 되어도, 조금만 더 보면 55초가 되니 4땡에 5땡에 기분이 괜찮지 않겠습니까? 아니면 좀 더 기다리면 5시 43분 21초까지 '54321' 스트레이트 잡고 오든가. ㅋㄷㅋㄷ

경고警告:경계할 경, 고할 고! '앞으로 어떤 좋지 못한 일이 일어날 것을 경계하여 가르쳐줌'이라~ 나에게 누군가가 경고를 하는데… 숫자로 어렵게 가르쳐주고 싶은가? '그 누군가'가 나의 하나님God이라면 바로 가르쳐줄 것 같은데… gods雜神: 일본엔 700만 잡신이 있답니다라면, 아마도 숫자를 좋아하는 잡신이라면, 그렇게 경고를 주는가? 혼또?
리알리~ ㅎㅎ 잠시 잡생각에 빠졌답니다. 안 그래도 머리 복잡한
데… 끙! 일본지인을 위해서….

성경을 읽는 사람, 예수쟁이는 7七자를 좋아한답니다. 그 이유
는, 거룩한 성전인 '지성전' 안에 일곱 촛대가 있으며, 하나님이 천
지창조를 하실 때 육 일 일하시고 칠 일째 휴식을 취하셨으며, 계시
록에 일곱 교회(사실 잘 읽으면 두 교회는 칭찬, 다섯 교회는 저주…)가 있
으니 카믄서….

하지만 그 계시록에서 같은 7七자 인데도 재앙이 들어닥치던
데… 계시록 6장엔 일곱 인印이 떼이면서 재앙이 하나하나 실현되
고, 연이어 8장부터는 일곱 나팔을 하나하나 불면, 그때그때 재앙
이 덮치던데… 여기서 7자는 좋은 숫자가 아니던데…. 그뿐만 아니
랍니다. 16장으로 가면 일곱 대접이 있는데 하나씩 부을 때마다 엄
청난 천재지변이 일어나던데….

인간은 스스로의 생각에 묶이도록 유전적 섭리攝理를 가진 것 같
아요. 아마도 인간이 만들어지고 수만 년이 흐르면서 유전정보 속에
그렇게 입력이 되었는가 봅니다. 빼도 박도 못 하게 푸욱~ㅎㅎ 문제
는 그런 유전적 섭리에 '어떻게 묶이고', '어떻게 안 묶이는가'겠지요.
본인이 저주로 묶으면, 여러 가지 재앙과 천재지변으로 올 것이며
선과 복으로 묶으면, 더할 나위 없는 빛과 기적으로 오겠지요….

헤~ 이 글을 쓰고 시계를 보니 11시 44분 44초를 지나더라니깐
요. 1땡에, 4땡에 4땡인데… 좀 더 지나니 5땡이 되고… 12시를 칩
니다. 와~ 능력 있는 12제자가 함께하는 것 같구요. 조금만 지나

면, 12시 34분 45초가 나와서 '123456'인데, 봉~이라면 고것 잡고
밥 묵으로 갈랍니데~ 이~ ㅋㅋㅋ

비행기 탈 때 어지간해서는 비즈니스 클래스를 안 타는 겁니다. 왜냐면요~ 이코노미 클래스 이하의 클래스가 없어서요. ㅎㅎ 중장거리 비행은 허리가 땡기고, 어깨는 결리고, 발까지 부어서 구두가 꽉 끼는 고통이 있지만 한 편의 영화를 끝까지 다 볼 수가 있어 좋답니다.

저의 대부분의 출장은 동경~서울 간이어서 거리가 짧아 항상 영화 보는 도중에 비행기가 착륙하는 바람에 끝까지 못 보는 해괴망측(?)한 경우를 당하는데… ㅋㅋ 이번 베트남에서 돌아올 때는 이쪽저쪽 땡기고 결리고 아파도 영화 한 편을 완죤히 독식(?)하는 즐거운 경험을 했답니다.

제목은 영 기억이 안 나지만 영화 속의 여자 주인공의 세리프가… 잠시 멍~하게 만드는 빛이었지요. 언제나 비관적인 미국인 남자주인공과의 대화 속에서 여주인공이 "내 나라 세네갈에는 '생각은 무게가 없다. 그러나 생각은 영원하다.'라는 구전口傳이 있어요."라고 하는 대사가 저의 귀에 쏠랑 들어옵니다. 찌~잉~ 뇌리에 경적이 울리고… 빨리 메모를 했지라~~~

이전부터 관심이 많았던 "생각!"이라는 것… 저의 완죤한 개인적인 해석입니다만 정말 그런 것 같습니다.

생각된 것은 아무 거슬림 없이 마음으로 들어가고, 마음으로 들어간 생각은 또 아무 걸림 없이 말로 변해 세상에 나오고, 그 말로 변한 생각은 또 아무 걸림 없이 누군가의 귀를 통해 마음으로 들어가 다시 생각으로 변하고, 그리고, 그리고, 그리고… 그러니, 영원하지요. 사람이 있는 이상… 전달체우리 사람의 몸가 존재하는 한…. 이렇게 생각은 세대를 넘어서 살아 움직이니, 무게가 없고, 그리고, 영원하다고 할 수밖에….

말씀에도 "선한 사람은 마음에 쌓은 선에서 선을 내고 악한 자는 그 쌓은 악에서 악을 내나니 이는 마음에 가득한 것을 입으로 말함이니라."(눅 6:45)에 있던데. 와닿네요. 마음속 깊이 푸욱… 또 도道 튼 날이 되겠삼~ 그것도 비행기 안에서 발 탱탱 부어가면서요~ ㅎㅎ

'관용寬容'이란 너그러울 관寬에 얼굴 용容 자字를 쓴답니다. 2010년 6월 기준 일본 매스컴에서 자주 다루는 단어지요. 왜냐하면, 그해 4월말에 타계한 동경대학 의대 교수이며 면역免疫학에서는 세계적인 권위자였던 다다 도미오多田富雄 씨가 76세의 삶을 살면서 행해온 여러 가지 사회계몽적인 활동의 근간이 되는 단어로 알려졌기 때문이지요.

본인도 뇌경색으로 쓰러져 반신불수의 힘든 '리하비리rehabilitation' 생활에서 어떻게 병과 함께 지혜롭게 삶을 영위할 수 있는가를 몸소 체험으로 나타낸 철학적 단어가 바로 '관용寬容'이랍니다.

몸에 병이 생기면 어떻게든 빨리 치료하려고 수술로 제거하고, 약으로 병균을 죽여 없애려 하는 것이 일반적이지요. 그러나, 다다 교수는 몸에서 스스로 면역을 만들어서 그 병원체를 어우르고 다스릴 때까지 관용을 가지고, 희망을 가지고 기다리는 것이, 병자의 삶의 질을 윤택하고 가치 있게 한다는 것을 발견한 것이지요. 성경엔 '용서'라고 비슷한 의미로 벌써부터 쓰이고 있었는데…

특히, 사망률이 높은 암에 대한 대응도 이러한 관용의 정신으로 대하는 것이 필요하며, 정치나 사회 면에서도 타국他人의 실수를 용서하며, 희망을 가지고 면역이 생겨나기를 기다리는 것이 모든 인생에 필요한 '삶의 철학'이 되어야 한다고 주장하였답니다. 그래서 그는 미국의 이라크 전쟁은 관용이 부족한 행위였지 않은가 하며 반대를 하였었지요.

축구의 월드컵은 개최 해마다 뜨거웠지요. 축구는 이기고 지는 것이 명백히 드러나는 스포츠의 세계입니다. 그러기에, 각종 강한 스트레스를 받는 선수들에게 정신적인 안정이 필요하다며, '멘탈 트레이닝'을 해야 한다고 일본의 각 매스컴이 떠듭니다. 도리어 그 것이 선수들을 심적으로 더욱 압박하는데….

그러나 선수가 그라운드 위에서 격한 감정으로 상대 팀에 덤벼 들면, 도리어 Yellow Ticket경고을 받고, 이를 두 번 받거나 심한 반칙 을 하면 퇴장이 되어, 다음 경기에 출장도 불가능하게 되지요. 퇴장 빈도를 보면 대부분 감정의 폭이 심한 남미 선수들이 많답니다. 그 로 인해 팀 전력에 막대한 영향을 미치게 되어, 통상 월드컵에선 남 미 팀들이 16강에서 많이 탈락하고 유럽 팀들이 1, 2, 3위를 다 거 머쥐는 경우가 많지요. 개인기는 남미가 낫던데….

'관용'의 마음이 있다면, 스트레스 자체를 받지 않겠지요. 우승 을 하려면, 그러한 관용의 인간으로 변하여 관용의 발언을 하며, 관 용의 정신으로 관용의 행동을 해야 되겠지요. 그것이 정착되면 일 종의 여유까지 갖추게 되겠지요. 말은 너무 맞는데 행동이 어려우 니… 으메~ 부러운 것~~~

아마도 가짜뉴스의 매스컴과 얼굴이 보이지 않는 인터넷이 문제 라고 하는 것은 이러한 관용의 사고思考가 철저히 결여되고 배제된 세계이기 때문이겠지요. 그 결여된 사고思考가 스스로의 마음을 갉 아먹는 병원체가 되는 줄은 모르고 말입니다. 쫏!

'Surprise Party' 우리나라에서 자주 쓰는 단어가 되었답니다. 비슷한 것으론 '깜짝 쇼'가 있죠. 그리고 간간이 프러포즈를 할 때에 아주 기발한 아이디어로 상대 여자친구를 뿅~가게 하는 걸 TV를 통해서 보기도 하지요.

얼마 전에 타계하신 저의 아버님은 특이한 가족 룰Rule을 하나 가지고 계셨지요. "모든 축하할 일이 있으면 다 하자!"라는 주의主義십니다. 그래서 생일도 음력 양력 계산하기 귀찮으니까 양쪽 다 하자고 하시고, 결혼기념일이나 며느리, 손자들의 생일까지 달력에 적어놓으시고 일일이 챙기고, 전화확인 작업까지 총책으로 진행하셨답니다. 그러나 연세가 80후반이 되셔서부터는 체력적으로 힘드시니, 그렇게 오랫동안 지키셨던 일기도 안 쓰시고, 붓글씨도, 불경도 모두 나 몰라라 하시기에 안쓰러웠지요. 그 룰Rule의 끗발도 이후로는 못하게 되셨답니다.

아버님 살아생전에 간간이 있었던 이벤트를 어떻게 하면 효과적으로 잘할 수 있을까? 멋있고 기억에 오래 남는 Surprise Party는 우짜누? 함 생각했더랍니다. 또 잔머리 굴렸지요.

미국식의 이벤트는 나, 우리보다는 남이 나와 우리를 어떻게 보는가에 Point of View관점가 있는 것 같아요. 그러니까, X-mas파티의 경우에 집 안도 멋있게 꾸미지만, 집 밖의 장식에도 신경을 많이 쓰지요. 그리고 집 안팎으로 모두 함께 즐기는 것이 평화롭고 풍요롭게 보입니다.

우리나라는 잔칫집에 가면 우선 돗자리 깔고 고스톱, 술판이 대부분이었으나, 경제가 성장하고 좀 여유를 부리게 된 이후로는 모닥불도 피우고, 캔들촛불서비스도 하고, 아직 우리 서민에게까지 자연스럽다고는 못하나 깜짝 쇼나 Surprise Party도 상황에 맞게 행해지고 있다고 보입니다. 좀 어색하지만… 동양인이 공항에서 키스하는 모습은 아직도 좀 그렇듯이….

2차 세계대전 이후 급격한 성장을 하고, 선진국 대열에 우리보다 빨리 들어간 일본은 어떨까요? 대체적으로 근면하고, 검소하며, 부끄러워하고, 설치지 않으며 앞장도 안 서는 국민이기에, 특히 들이대는 것, 내세우는 짓을 하지 않는 것이 선善이라 믿는 국민이기에 Surprise Party는 일본사람들에겐 상당히 의아한 이벤트가 되지요.

한국 일본 미국의 3개국의 장점만을 따서 좋은 모습의 Surprise Party를 할 줄 알고 싶은데… 우리와 타인과의 관계에서 신사적인 미국식 접점이 약간 있어야 하며, 돗자리식, 고스톱식, 한잔 꺾는 식의 한국식 안방 메인이벤트가 있어야 하며, 내세우지 않고 은은하며 말끔하게 마무리 짓는 일본식 끝맺음이 있어야겠지요.

어렵네요~ 요런 걸 잘해야 자자손손 복되고, 등 따시고 사지四肢가 고생 안 하며… 하기下記와 같이 혼자 튀어서 꼴까닥 안 당하는 좋은 경우를 맞이하세요. ㅎㅎ

하기下記1: 방탄조끼 참새

모두 방탄조끼를 하나씩 장만한 참새들이 "야야~ 야야야야~ 야야야야 야야야아~" 신이 나서 까붑니다. 그 순간 포수가 기관총을 갖고 와서 드르르륵 갈겼는데… 딱 한 마리가 죽었데요. 그 이유는, 혼자 튀는 걸 좋아하는 참새가 글쎄… "꽃바구니 옆에 끼고 나물 캐는 아가씨야~" 노래 부르며 지만 방탄조끼를 열었다 닫았다 하면서리… 마~ 그놈만….

하기下記2> 갱상도 보리문디덜… ㅋㅋ

"아따 마 찡~ 항기라"

"그라제~ 그카믄 니캉 내캉 다 몬 산다"

서울 지하철에서 갱상도 아저씨 둘이서 얘기한다.

앉아있던 아가씨가 시끄러워서 한마디 한다.

"아저씨 좀 조용히 했으면 좋겠는데요?"

이노무 갱상도 아져~씨 왈,

"니 무라켓노 이기 다 니끼가?"

그 옆에 있던 서울 친구가 쿡! 찌르며 한마디 합니다.

"맞잖아~ 내가 일본 사람이라고 말했잖아~"

혁! 우짜든, 일본에서는 지나치게 설치면 안 되는기라~~~ ㅎㅎㅎ

자칭 현자賢者라고 여기는 인간이 제가 마케팅을 전공했다며 답하기 곤란한 질문을 하는 겁니다. "예수님께서 현세에 나타나셨다면 텔레비전 광고에 나오셨을까~요?" 카믄서…. 저는 마케팅 전략 세 번째 P인 Promotion판촉활동에 광고가 중요한 분야인 것을 강조하고 싶은 것도 있지만 꾸욱 누지르고… 예수님께선 기적을 행하시고 "나를 알리지 마라"고 하신 말씀이 갑자기 생각나기에 "아마도 테레비에 안 나오실 것 같은디요"라고 시큰둥하게 답했지요.(씨~ 그 다음 질문이 예상되기에…)

요 양반(의심 많은 일본 의사친구)가 좀 심한 '마케팅 무용론자(특히 광고)'라 쪼개는 맘이 상했지만 "그러면 교회에는 마케팅활동이 필요합니까?" 예상대로 또 묻는 것 있죠. 이 양반 직업이 의사라 제가 그에게 질문을 던졌죠. "그라몬 나도 하나 물어봅시다. 교회에 의사가 필요합니껴?"(물론 일본말로… ㅋㅋ) 그 양반 "당연하지. 당근이지. 말밥이지…." 캅니다. (ㅋㅋ잘 걸렸당~) 제가 답했습니다. "그라몬 교회에는 마케팅도 필요하네요. 잘하는 의사 있다고 알려야 하니께. 꽁짜로 병 고치준다꼬…." 그 양반 공짜라는 말에 말 안 하고 씨익~ 사라집니다.

요즘 교회가 잘못되어 성도를 유치(?)하려고 마케팅을 배운답니다. 아마도 요 돌팔이(사실은 유능한 의사지요.^^) 의사는 여기서 식상食傷했는가 봅니다. ㅎㅎ 저도 요즘 교회가 성도를 매출 올리는 도구로 보는가 하고 째리볼라 카다가 가만 생각하니 그 덕택에 교회에 와서 구원받으면 올매 좋은고~ 욕 할 끼 아니네. 음~ 그러면 마케팅 겔카줘야 하나? 갈등했지라.⌒⌒

예수님께서 현 시대에 나타나신다면… 기적… 기적… 기적… 기적… 의사가 필요 없고, 군대가 필요 없고, 식품회사가 필요 없는 게 되지요. 물론 어디라도 계시는 하나님이시기에 광고할 필요도 없고ㅎㅎㅎ 그러면 당연히 마케팅도 광고전략도 필요 없겠지요.

그러나, 우린 현실의 사회생활을 해야 하기에, 그 연장선에서 교회생활도 봐야 하지요. 중요한 것은 그 하고자 하는 취지가 무엇인가겠지요. 직업에 귀천이 없고, 금그릇, 은그릇, 나무그릇, 토기그릇이라도, 그릇만 깨끗하면 그 주인으로 하여금 요긴하게 쓰인다고 하였거늘…

내가 돌팔이 의사라 부르는 의사(사실 가장 친한 주치의 같은 분)와는 가끔씩 전화나 문자를 합니다. 그는 날 잘 압니다. 아주 오래전 한국에서 자동차 만드는 회사에 다닌 것까지… "문명의 이기利器가 필요 없다면 교회에 차 없어도 되나?"라고 한마디 하고 싶은데… 마~오늘은 일요일이라 참으렵니다.⌒⌒

신神, gods들로부터 아름다운 목소리와 참을성, 매력과 교태, 격렬한 욕망과 몸을 나른하게 하는 생각 등의 온갖 선물을 한 몸에 받고 태어난 최초의 여인 '판도라Pandora', 지금까지 최초의 여자를 '하와이브'로 알았는데… 아마도 그리스로마 신화의 gods들은 너무 많아 이름이 헷갈렸겠지라. 일본을 보더라도 무슨 잡신雜神: 일본은 700만의 잡신이 있다고 합니다들이 이렇게 많은지 이름 헷갈리는 것을 문제 삼지 않아도 되겠습니다. ㅎㅎ

그녀 '판도라'가 신들이 사는 하늘에서 인간이 사는 지상으로 내려올 때, 신들로부터 하나의 상자를 선물로 받았답니다. '판도라의 상자'라지요. 근데요~ 이 판도라의 상자가 두 가지의 해석이 있네요.

그리스 신화에 등장하는 최초의 여인 판도라

하나의 해석은, 그 상자에는 인류의 재앙인 '악'이 항~ 그 들어 있고, 악 외의 '선'이라고는 '희망' 달랑 하나 있었답니다. "절대 그 상자를 열어봐서는 안 된다!"고 경고를 했건만… gods들도 나~참 인간한테 "하지 마라!"카몬 그넘의 호기심이 발동돼서 가만 못 있는 것 알낀데…. ㅎㅎ 예상대로 호기심을 못 이긴 판도라는 그 상자를 열어버렸고, 그 안에서 온갖 재앙이 퍼져 나와 인간세상으로 퍼져나 갔대요. 깜짝 놀라 뚜껑을 얼른 닫았지만 이미 그 안의 다른 것들은 모두 빠져나가고 '희망'만이 덩그렁 남게 되었답니다. 그때부터 인간은 온갖 불행과 어려움 속에서 절망하지만 그래도 희망을 간직하고 살게 되었다고 하네요. 망할 호기심 때문에… 인류의 엄마인 이브도 그 호기심 발동 근성으로 사과 따 묵었뿟는데…

또 다른 해석은요~ 판도라는 인간을 축복하기 위해 하늘로부터 보내졌다는 겁니다. 그녀의 결혼을 축복하는 선물로, 여러 신들이 선물한 물건이 항~그 든 상자인 '판도라의 상자'를 받았답니다. 그녀는 무심코 그 상자를 열었는데 글쎄 신들의 온갖 선물은 다 빠져나가고, 오직 '희망'만이 델롱~ 남았다는 거예요. 그 놈의 덜렁대는 성질 하곤!!! 와 쓰잘데기 없이 열어가꼬.

판도라의 상자 안에 축복의 선물이 들었든, 재앙의 선물이 들었든 상자는 열렸고, 인간 세상에 뿌려졌답니다. 엎질러진 물이지요. 하지만 아직도 우리들의 마음속엔 '희망'이 남아있답니다. 문제는 인간 세상에 뿌려진 선물들이 어떤 사람에겐 '악'이라고 하고, 어떤 인간에겐 '선'이라고 하는 '마음가짐'이라는 것이지요.

자~ 판도라는 그 '판도라의 상자'를 어디서 열었을까요? 멜랑꼴리한 일본, 아니면 버라이어티 한국? 아니면 이 땅 전체 위에? 답은 각자의 마음먹기에 따라 '선'으로 보이기도 하고, 지지리도 안 풀리는 사람에겐 '악'으로도 규정되는 것이로구만… 뭐~

육류의 식사는 동물성기름의 과다섭취가 되어 피가 끈적해진다고 합니다. 담배, 술은 뭐~ 당근에, 말밥으로 암의 원인이지요. 거기에 플라스틱 제품은 환경호르몬이 있어 암을 유발한다고 하면서도… 편의점 대부분의 식료품은 플라스틱 팩이나 환경호르몬 포장지로 싸여있는데… 동경 수돗물은 염산류 등으로 소독되어 있어서 끓여 마시라 하면서 생수는 페트병에 들어있고, 음료수들은 거의 플라스틱 병인데….

일본에선 중국제 수입 농수산물은 농약이나 화학 사료를 많이 써서 먹으면 안 좋다고 해요. 수입 담치홍합나 조개류는 독성이 있어서 혀가 마비된다느니… 쫄깃한 오징어는 콜레스테롤이 많고, 커피 밀크 또한 동물성기름이니 그대로 핏속으로 들어가 동맥경화증의 원인이 된다나… 더욱이 우리가 마시는 공기도 환경 오염되어 그냥 들이마시면 폐에 부작용을 일으킨다니… 거기에 이 땅 일본엔 화산재에, 신종바이러스에, 황사까정… 나 원 참!! 그럼 뭘 먹고 뭘 마시며 살란 얘기야!!!

어느 사람은 도시를 떠나 산으로 계곡으로 파묻혀 살기도 하고… 어느 인간은 철저히 식물성기름과 지하수 우물물에, 무농약 식물에, 유기농 과자에, 음이온 섞인 공기청정기에, 간간이 이베리코 이탈리아산 돼지고기와 와규和牛: 일본산 소고기. 우리나라의 '한우'를 식물성 기름에 구워서 곁들이고… 거기에 무無, 제로0%, 자연산, 유기농 등의 글귀에 혹惑….

근데요~ 이 세상에 존재하는 모든 것은 창조주가 만든 것이거늘… 어느 하나 우리 인간에게 해롭게 하려 창조한 것이 없을 것인데… 비록, 그것을 인간의 지식과 기술로 변형을 했을지언정….

또한, 우리 인간에게는 사고의 능력이 있지요. 더불어, 고귀한 보석 같은 자유의지가 있답니다. 그래서 입으로 들어가는 것은 나의 의지로 멈출 수도 있답니다. 물론, 빈부의 차로 인해 선택의 차이는 있겠지만 고를 수도 있답니다. 문제는… 그 입에 들어가는 양量의 차이… 아닐까 싶네요….

지옥에 들어가는 인간이 이렇게 투덜투덜 또 이를 간답니다. 에덴의 동산에 먹음직스런 사과를 왜 심어두셨냐고. 왜 우리를 유혹하는 뱀을 만드셔서 꼬드기게 하셨냐고. 왜 아름다운 여자를 만들어 거부하기 어렵게 했냐고. 그러나, 불평, 원망치 말고요 한 번 더 생각해 봅시다. 우리 모두에게 절제하는 마음을 기르기 위한 '창조주의 사랑'이라고 사고思考를 전환하면 뭐 덧나냐고요!!!ㅎㅎ

지식인의 글을 읽으나, 목사님의 설교를 들으나, 텔레비전을 보나… 안 되는 것이 너무 많아서, 피해야 될 것이 너무 많아서… 도리어 그러한 것들 때문에 열 받고, 서~트레스 받고, 짜증낼 것 같아서리… 먹는 걸 가지고 한 글 적어봅니다. ㅎㅎ

우선, 소식小食하고, 하나를 먹어도 감사感謝하고, 먹으면서 두려워 말며 도리어 감사感謝하고, 먹고 나서도 한탄치 말고 감사感謝하고, 그래도 찜찜하고 요상하면 절식絕食하고(굶으시요~~~), 영~ 이상하면 단식斷食하고(난 여기서 대충 해결되던데…), 통~ 기상하면 간사感謝하며 병원 가삼~(여기까진 별로 없지만…)

한 가지 덧붙일까요? 사람은 아프면 병원에 가고, 집에서 키우는 강아지나 고양이가 아프면 동물병원 가고, 그러면, 병원이 없는 아프리카 사바나의 청소부 하이에나가 아프면 어디 가야 하나요? 답!!! "가긴 어딜 가? 굶는다! 그리고 물만 마신다."랍니다. 일 단계에서 끝납니다…. ㅎㅎ

2010년 6월의 어느 저녁시간은 나 홀로 외롭게 뜨거웠습니다. 회사를 평상시보다 1시간이나 빨리 퇴근했었지라. 직원들의 눈치가 하~도 심해서리… "오늘 남아프리카공화국 월드컵에서 한국 대 아르헨티나전이 있는데…" 하면서 조기퇴근요구 압박의 미소를 계속 발사하기에….

집으로 가는 길에 집 앞의 7-11편의점에서 맥주 350cc 두 개, 안주로는 쯔쿠네쿠시오뎅 꼬지구이, 마케터로서 시험 삼아 수증기 전자담배 하나, Calbee사의 쟈가리코스틱형 튀김과자 그리고, 회사제품 'Market O'의 초코크래커 등으로 무장해서 자리를 잡았답니다. 결국 피지도 못하는 전자담배만 열심히 맛본 것 같아요. 아~ 아~ 그래! 아이구~로 끝나버렸지요.

마음도 생각처럼 무게가 없지요. 얼마 전에 적은 글입니다만, (일본 삶과 나 25: 또 다른 영화관람실… 비행기 내리면…꿍! 참조) 아프리카 세네갈의 속담에 "생각은 무게가 없다. 그러나 영원히 존재한다." 라는 금언에 나름대로 느낌을 적었지요. 얼마 전의 글 '생각… 그것은 마음과 입 사이의 무게 없는 존재?'에 있지라. '응원…' 이 또한 그 안 보이는 힘을 느꼈기에, 이전 저의 글(일본 삶과 나 14: 응원… 그 안 보이는 힘 그리고…)에서 그 정체를 풀어봤었지요.

응원이나 생각이나 모두 마음의 움직임에서 비롯되는 것이지요. 그리고 마음心은 우리의 영靈과 혼魄의 결합체이지요. 이 영혼은 '생각'처럼 영원이 존재하며 또, 능력을 가지고 있지요. 그 능력을 발휘하면서 나타나는 선함과 악함에 따라 심판을 받고 영원한 보상을 받게 되어있지요. 은혜생명과 복으로도 벌사망과 화로도… 그리고 인간으로서의 혼은 하늘로, 짐승의 혼은 땅으로 가게 되지요. 그래서 마음에 품은 죄도 심판받을 죄라고 선언하셨지요.

에고… 어렵게, 무섭게 만드셨네요…. 이때 스스로 지혜가 부족함을 절실히 느끼지요…. 마음을 곱게 먹고, 생각하며, 응원을 하면 이루어지는데… 근데… 왜! 우리 대~한 민국이 졌냐구요! 요! 요!

자알~ 관찰해 보니 그 마음과 생각의 응원이 남아프리카공화국까지 가는 데 시간이 걸렸던 것 같지 않아요? 그래서, 도착할 즈음 그다음의 그리스와 나이지리아 시합에서 1명이 퇴장당하고 그리스의 역전승으로 한국의 진출가능성이 남아있게 되었지라. 그러면, 응원 능력의 전달속도는? 약 15000km를 약 2시간에 달리니 시속 7500km가 되며, 초속2km가 되고… 마하6으로 달립니다. (참 별스러운 계산방법)

우쨌던, 응원과 생각 그리고 마음은 엄청난 능력이 있음을 깨닫고 바르고, 선하고, 착하고, 깨끗하게 사용해서 은혜받는 삶을 살도록 합시데~이~ ㅎㅎ

일본이 네덜란드와 시합을 하는데, 우리와 아르헨티나의 경기와 같은 격차가 있다고 전문가들이 설을 풀었지요. 흥! 칫! 뿡!이닷. 일본 아그들이 이 비밀을 알면 2시간 전부터 응원할 낀데 하며… 지켜봤지만… 우리랑 같이 16강에서 에스!S, 티!T, 오!O, 피!P…했지요. 그래도 찝찝하당. 누가 우리나라나 일본이 지라고 응원했나? ㅋㅋㅋ

동경의 아침. 혼자 설쳤답니다. 다른 말로 하면 푸다닥거렸지요. 그래서 집을 벗어나려고 발버둥치는 겁니다. 우쨌던… 이렇게 혼자 사는 집을 벗어나 닝교쬬人形町에 있는 회사에서 조용한 토요일을 자주 보냈답니다.

저만의 세상입니다. 음악도 틀어놓고 엔까演歌가 먼저 흐르네요. 미야꼬 하루미都はるみ나 야시로 아끼八代亜紀의 노래 北の宿から키타노 야도까라, 愛の終着駅아이노 슈차코에끼, 舟唄후나우타…그리고, 조금만 있으면… 70~80년대의 일본 발라드… ルビの指輪루비노 유비와, ごめんね고멘네, 愛の奇跡아니노 키세끼, 夢の途中유메노 도쮸, ふれあい후레아이, 東京도꾜… 좀 더 흐르면 90년대~2000년대의 감동작들이 흐르게 되어 있지요. 안전지대安全地帶 노래 悲しみにさよなら카나시미니 사요나라 그리고 우리나라에서도 번안飜案곡으로 인기를 얻은 雪の華유끼노 하나:눈의 꽃, シルエットロマンス실루에또 로망스, 人生に乾杯진세이니 깜빠이! 듣다가 한두 시간 지나면 음악을 바꾼답니다. 우리나라의 발라드로요… 조용필의 기다리는 아픔, 미소를 띄우며 나를 보낸 그 모습처럼, 애원, 로맨스 그레이심수봉, 꽃이 바람에게 전하는 말, 좋은 사람 만나요 등등….

다음은 흘러간 팝송, 샹송, 칸초네… 간간이 경經클레식으로 Mariah Carey의 My all, Kenny Rogers의 Gambler, Un Poete, L'aquoiboniste, Por que' Te Vas, Curame… 이러면 대충 5시간 정도가 흐

르는데… 200페이지 정도의 책 한 권이 머릿속에 자리 잡게 되지요.

근데… 요즘 이 풍경이 정말 나의 모습인가 하며 의심할 때가 있지요. 잘은 모르지만, 뭔가가 나를 흔들고 있는 힘이 머리 위에 있음을 느낍니다. 착각이겠지만… 힘이 존재하는 것을 느낄 수 있다는 것만으로도 즐겁습니다.

앞으로도 어디서든 휴일의 다섯여 시간을 정말 귀중하게 보내고 싶네요. 다이아몬드처럼 빛나게, 새벽녘 나무 사이 떠오르는 찬란한 빛처럼요. 그런 시간을 즐기려는 마음만 먹으면 언제라도 될 것 같은데 왜 잘 안되는 거죠? 단지 부지런치 못해서 그런걸까요? 아니면 그것이 확실히 내 영靈을 즐겁게 해준다는 확신이 없어설까요? 둘 다 겠지요…. 즉, 나의 겉사람 때문에 나의 속사람이 답답해지는 괴상망측한 현상이 언제나 우리의 마음을 불편하게 하는 것이지요. 나의 겉사람은 부지런해야 하며, 나의 속사람은 나날이 새로워져야 불편하고 답답함에서 벗어날 수 있다는 것이지요.

결국 아직도 저는 멍하다는 증거와 답이 나왔습니다. 요 답을 찾아내려고 이렇게 많은 음악과 넘치는 글이 필요했네요. 오늘 하루는 싱그러운 아침 출발역과 미소를 머금는 은은한 종착역이 되었습니다. 감사합니다. ^^

예리하되 유연하며,
유머러스하되 사실적인 통찰력!
21세기 일본을 들여다보는
지혜의 창을 열어드립니다

권선복(도서출판 행복에너지 대표이사)

일본의 속살을 일본인만큼 적나라하게 파악한 책이 오래 전 한국에 출판된 적이 있었습니다. 초대 문화부장관이었던 이어령 교수의 『축소지향의 일본인』은 일본어로 먼저 쓴 후 한국어로 번역·출판되는 기현상을 낳았고, 한국인 저자가 최초로 외국 베스트셀러 목록에 오른 책이기도 합니다. 하지만 1982년에 출판이 되었으니, 그때의 신선한 충격도 이제는 격세지감이 들 수밖에 없습니다.

그로부터 수십 년 지난 2019년, 더구나 3.1운동 100주년이 되는 해에 되짚어 보는 일본은 우리에게 어떤 나라일까요? 이러한 궁금

증에 부응하듯, 일본의 모습을 거시적·미시적인 시각으로 자유자재 해부해 보여주는 책이 다시금 등장했습니다.

임진왜란과 일제 침략의 아픈 역사 등으로 대부분의 한국인에게 '일본'이라는 이름은 본능적 거부감을 불러일으킵니다. 하지만 그럼에도 불구하고 가장 가까운 이웃국가로서 평화적으로 경쟁하며 공존해야 할 나라인 것 역시 부정할 수 없는 사실입니다. 관심을 갖고, 이해하며, 정확한 정보와 분석을 기반으로 상호 존중하는 관계를 만들어 나가야 할 것입니다.

그런 의미에서 수십 년간 일본과 한국을 오가며 활발한 활동을 하고 있는 박경하 저자의 이 책 『일본! 작게 보고 크게 보고』는 독자들이 '일본·일본인·일본의 사회구조'를 이해하고 시야를 넓히는 데에 큰 도움을 주리라 생각합니다.

박경하 저자는 한국의 글로벌 제과기업 ㈜오리온의 일본법인 지사장을 거쳐 현재는 글리코해태㈜의 대표이사로서 한일 제과업계를 오가며 활발한 경영 활동을 하고 있습니다. 그 동안 일본사회의 다양한 모습과 맞닥뜨리고 치열하게 돌파한 경험을 가진 저자의 일본 이야기는 예리하되 유연하며, 유머러스하되 사실적인 통찰력을 담고 있습니다.

이 책 『일본! 작게 보고 크게 보고』를 통해 21세기의 일본과 한국을, 그리고 글로벌 사회를 바라보는 독자들의 지혜와 성찰이 팡팡팡 샘솟기를 기원합니다.

하루 5분 나를 바꾸는 긍정훈련

행복에너지

'긍정훈련'당신의 삶을
행복으로 인도할
최고의, 최후의'멘토'

'행복에너지
권선복 대표이사'가 전하는
행복과 긍정의 에너지,
그 삶의 이야기!

⊕ 인터파크
자기계발 분야 주간
베스트 1위

권선복 지음 | 15,000원

권선복

도서출판 행복에너지 대표
지에스데이타(주) 대표이사
대통령직속 지역발전위원회
문화복지 전문위원
새마을문고 서울시 강서구 회장
전) 팔팔컴퓨터 전산학원장
전) 강서구의회(도시건설위원장)
아주대학교 공공정책대학원 졸업
충남 논산 출생

책『하루 5분, 나를 바꾸는 긍정훈련 - 행복에너지』는 '긍정훈련' 과정을 통해 삶을 업그레이드하고 행복을 찾아 나설 것을 독자에게 독려한다.

긍정훈련 과정은[예행연습] [워밍업] [실전] [강화] [숨고르기] [마무리] 등 총 6단계로 나뉘어 각 단계별 사례를 바탕으로 독자 스스로가 느끼고 배운 것을 직접 실천할 수 있게 하는 데 그 목적을 두고 있다.

그동안 우리가 숱하게 '긍정하는 방법'에 대해 배워왔으면서도 정작 삶에 적용시키지 못했던 것은, 머리로만 이해하고 실천으로는 옮기지 않았기 때문이다. 이제 삶을 행복하고 아름답게 가꿀 긍정과의 여정, 그 시작을 책과 함께해 보자.

『하루 5분, 나를 바꾸는 긍정훈련 – 행복에너지』